がんでも働きたい

樋口強

佼成出版社

はじめに

二〇一八年九月十六日、この日東京深川で十八回目の落語独演会が行われた。この落語会、ほかとは少し様子が違う。会場はがんの人と家族だけ。呼び物が二つある。一つは、生きる希望と勇気を笑いに載せて伝える「いのちの落語」。毎年新ネタが高座に掛かる。

もう一つが、「わたしが主役　一分ください」。参加者が自主的にステージに上がって、がんを生きる自分の人生を一人語りする。センターマイクは寄席ならではのあこがれのサンパチマイク、大太鼓がドドンとエールを送り、スポットライトを浴びて一分間、二百五十人の時間を独占する。まとまった話や笑いを取る話は必要ない。予定した筋書きも不要であり、ステージに上がってから自分が何を話し始めるのか、自分再発見の一分間である。つらく苦しい道を歩いてきた仲間だからわかり合える一分間である。そして、大きな拍手と太鼓の連打でお互いの人生に共感と応援のエールを送るのである。

この日、たくさんの仲間たちが我れ先にとステージに上がった。その中に、四十六歳の男性がいた。肺がんになって半年、今まさに手術のあとの抗がん剤治療中である。「抗がん剤……」と話したあと、言葉に詰まった。そして、涙が溢れ出した。会場は固唾をのんで見守った。みんながこの涙の意味を痛いほどわかっている。同じように涙を流してきた仲間だからだ。みんな、待った。そして、気持ちの整理がついたように話し出した。

「息子と話しているときが楽しいです。プロレスが好きです。私も彼らのような強い体をこれから作ります。そして、明日を見つめて今日を生きます」

会場から大きな拍手が湧き起こった。その中に奥さんの遠慮がちではあるが力いっぱいの拍手が添えられていた。どんな名演説よりも感動した。たくさんの不安を抱えての治療中に、このステージに上がった勇気が素晴らしい。きっとこの経験が自信となって、これから先の人生をしっかりと後押ししてくれるはずである。

四十六歳。働き盛りのがんである。治療費負担、休職による収入減、家計のやり繰り、職場復帰、再発転移の不安。たくさんの難題を背負って生きていくことになる。人生最大の試練と言っても過言ではない。近年、この働き盛りのがんが急増している。これは本人と家族だけの問題ではなく、国や自治体、医療機関や企業などが早急に必要な手を差し伸べなければならない。

本書は、改正がん対策基本法の具体的な実施策について、患者目線でのメッセージを送るだけでなく、がんの仲間や家族に、より輝いた人生を見つけてほしいとの思いを込めて書き下ろした。

本書は一気に読み進めてほしい。二時間程度で読み終えるよう配慮して執筆編集した。できるだけわかりやすい言葉や表現を使って、リズム感のある文章を心がけた。音読すれば、自分の声で元気が出るはずである。そして、読後には、清々しい爽快感と安堵感が残る本でありたい、と願ってここに上梓する。

樋口　強

がんでも働きたい

目次

装丁・装画　山本太郎
写真　内田雅子

第一章

独演会 一席目
『いのちの落語 ― がんでも働きたい』

いのちの落語独演会

　一年に一度、がんの人とその家族だけを招待して開かれる落語の独演会がある。場所は東京深川。昭和の佇まいを色濃く残す情緒溢れる下町で、会場は深川江戸資料館小劇場。その高座に掛けられるのは「いのちの落語」。がんのつらさや苦しさを経験した人だから笑える落語かもしれない。その高座で噺《はな》すのもがんの仲間である。高座名が一合庵小風《いちごうあんこかぜ》、本名は樋口強、本書の著者である。この高座で毎年創作される新作を楽しみに全国からがんの仲間と家族が駆けつけてくる。二百五十席の客席がいつも早い時期に満席になりキャンセル待ちになる。二〇一八年九月に第十八回目が開かれた。初回から延べ約五千八百人のがんの仲間と家族が招待された。この会の名前が「いのちの落語独演会」。主宰するのは樋口強、加代子夫妻。著者とその妻である。

「家族の皆さん、本人を甘やかさないで」

という加代子の歯に衣着せぬはっきりとしたしゃべりは、参加する家族から絶大な人気がある。

お変わりありませんか

当日の受付や案内等を受け持つロビースタッフの皆さんも同じ仲間である。以前は客席に座って「いのちの落語」を楽しんでいたが、あとから続くたくさんの参加希望の仲間たちに自分たちの席を譲ろう、だけどいつまでも関わっていたいのでスタッフをやりたい、と自ら手を挙げてくれた人たちである。だから、どんな言葉がうれしいのか、どう対応してくれるとありがたいのか、すべてわかっている。それを受け取る立場から伝える立場に自分を変えて行動する、だから双方に達成感と満足感が生まれるのである。

「今年も深川へようこそ」

「お変わりありませんか」

「暑かったでしょう」

同じ道を歩く仲間のスタッフから最高の笑顔でかけられるこのひと言だけで、参加者は気持ちがすぅーっと和らいでいくのである。

北海道から沖縄まで全国からやってくるがんの仲間とその家族をどんな言葉で迎えるか、初期の頃からの大きなテーマであった。最初の出会いの言葉である。その印象が一日の充実度を左右する。

「こんにちは」、「いらっしゃい」では味気ない。「お元気ですか」、元気なはずがない、みんなつらくて苦しいのだ、この言葉だけは言われたくない。

「お変わりありませんか」

これだ。今日が昨日と変わらない、これが二つ目のいのちを生きる私たちの原点だ。スタッフの皆さんも、これがいい、これで行きましょう、と衆議一決した。こうして、いのちの落語独演会の合言葉として「お変わりありませんか」が誕生した。

「初めて参加しました。スタッフの皆様に『お変わりありませんか』と笑顔で迎えていただいて、ホロリとしました」

いのちの落語独演会は、もう開演前のロビーから始まっているのである。

どうしても深川へ行きたい

一人暮らしのKさん、二〇一八年に六十歳になった。五年前に肺がんに出会って今も治療が続いているが、毎年この「いのちの落語独演会」を一年の目標にしてきた。ところが今年、脳への転移がわかって入院治療となった。足にも障害があり一人で歩くのも困難な状態である。

六月に事務所に電話がかかってきた。

「こんな状態なので今年は深川に行けそうにありません。残念ですが、キャンセル待ちの方に私の席をご案内してください」と。とても寂しそうな声だった。

このKさん、毎年優先案内のハガキが届いたらすぐに申し込みをして、いつも申込番号が一番か二番の方である。

九月に入ってある日のお昼前に事務所に電話があった。Kさんだ。

「今、病院です。九月十六日、深川にどうしても行きたいんです。行って仲間と一緒に笑いたいんです。ホームページを見たら満員御礼でした。でも今年の一枚の通行証は大事にとってあります。入れてもらえませんか。

もう一つお願いがあります。一人では歩けないんです。主治医の先生は付き添い者と一緒であれば外出を許可すると言ってくれています。ただ、付き添い者は家族ではありません。これから時給を払って探します。ダメでしたら公演が始まったら付き添い者にはロビーで待機してもらいます。受け入れてもらえるでしょうか」

六月にキャンセルをしてからもずっと九月の独演会をあきらめきれずにいたらしい。生きるための大きな目標になっている。私の著書『いのちの落語』(文藝春秋刊)を病室の枕元に置いて何度も読み返しては自分を鼓舞してきたと言う。そして、どうしても深川へ行きたい、仲間と一緒に笑いたい、と。

私はこう返事した。

「大事にとっておいた通行証を持ってどうぞ深川へお越しください。付き添いの方も一緒に座ってください。受付でお名前を言ってくだされば入れるよう手配いたします。Ｋさんが昨年から一年間、生きる目標にされてきたいのちの落語独演会です。私たちスタッフみんなで深川でお待ちしています」、と。

電話の向こうでは涙が溢れて声が出ないようだった。でも最後にひと言。

「ありがとう、ありがとう」

紙上独演会『いのちの落語 ― がんでも働きたい』

二〇一八年、この年の「いのちの落語」は、「がんと就労支援」を取り上げる。今、年間に約百万人ががんと診断されて告知されている。そして、その三割が現役世代。四十三歳で肺がんに出会った私もその一人である。その比率はこれからもっと大きくなると予測される。入院治療費がかさみ、退院後も副作用や通院治療などで仕事に制約ができて収入が減る。退職を迫られることもある。それでも背中に「再発や転移の時限爆弾」を背負って家計を支えて生きていかなければならない。これには、本人の強い意思と職場や医療機関や家族など周りの大きな理解と協力が必要になる。

この「いのちの落語」は、働き盛りのがんについて、自らの経験を元に患者の立場からの一提言を笑いに載せて伝えるものである。〝話す落語〟を〝読む落語〟として、わかりやすく読みやすく仕上げた。話し言葉やリズムを大切にしながら書き上げているのでテンポよく読み進めてほしい。また、音読しても自分の声と語調で元気が出るように工夫している。本書の本旨を第一章で紙上独演会にして表現した。

題して、紙上独演会『いのちの落語――がんでも働きたい』。寄席の世界にご案内しよう。


「夏川さん、社長がお呼びです。秘書室から電話で今すぐ社長室へ来てほしいって」

「社長が私に、ですか」

「そう。そういえば今朝エレベータでお会いしたとき、ずいぶんとイライラされてたわね。夏川さん、何かミスやったんじゃないの」

「私、心当たりないけど」

「そういうときはね、指摘される前に自分から先に謝ったほうが、罪が軽くなるのよ」

「うん、わかった、じゃあ、行ってくる」

「しっかりね、先に謝るのよ」

夏川美砂さん。新聞社に勤務する三十六歳の女性である。昨年、デスクに抜擢されて生活くらし面の紙面づくりを任された。責任は重いが、「あの記事良かったよ」という読者の反響が何よりのご褒美である。家庭と仕事との両立は心身ともに疲れるが、夫の理解と協力でこの仕事に強いやりがいを感じ始めていた。すらっと背が高くてグレーのパンツスーツが良く似合う黒髪の美しい女性である。

「社長、失礼します、夏川です」
「あぁ、夏川さん。お待ちしてました、どうぞ。こちらにお座りください。仕事のほうはどうですか」
「はい、やりがいを感じております」

「そう、それは良かった。ところで、最近困ったこととか、私に相談したいこととか、ありませんか」

「やっぱり」

「ええっ、何ですか。今日あなたにここへ来てもらったのは」

「社長、わかってます。私から早めに申告をして謝罪しようと思ってたんですが、つい日が経ってしまいました。誠に申し訳ありませんでした」

「急にどうしたんですか、何があったんですか」

「実は、社長応接室の観葉植物の植木鉢、テーブルを移動させたときにぶつかって割ってしまいました。急いでボンドでくっつけて割れた筋目に沿ってマジックペンで模様を描いたんですが、実はアレ、私なんです。申し訳ありませんでした」

「そうなんですか。何か変な模様だとは思ってたんですよ、アレ、割れてたんですか、ちっとも知りませんでした」

「ええっ、ご存じなかったんですか。では、こっちのほうでしょうか。社長室に先日搬入した新品の高級木製キャビネットですが、搬入時に廊下ですれ違いざまに私のキャリーバッグでキャビネの脇に大きな擦り傷を入れてしまいました。実はアレ、私なんです。申し訳ありませんでした」

「へぇ、そうなんですか。ちっとも知りませんでした」

「ええっ、これも違うんですか。では、もう間違いなくこれ、というとっておきを告白します」

「夏川さん、まだあるんですか」

「いいえ、心当たりはもう少しだけです。次はきっと正解です。先月、社長のご自宅で開催された毎年恒例の年男年女社員パーティに参加させていただきました。そのときに、真っ白でかわいい猫ちゃんがいまして、「よしよし」って遊んでましたらいきなりひっかかれまして、ものの弾みで、ほんとにものの弾みで猫ちゃんのヒゲが少し抜けてしまいました。悪気はなかったんですが、実はアレ、私なんです。申し訳ありませんでした」

「あぁ、アレ、夏川さんでしたか。実はあの日の夜に孫がね、ピーちゃんのヒゲが全部なくなってる、きっと病気だよ、って泣き出しましてね。私の妻が、大丈夫よ、またすぐに生えてくるから、ってなだめてました。でも、しばらくはフラフラしながら歩いてましたよ、今は大丈夫です。あなただったんですか。ちっとも知りませんでした」

「これも違いましたか。では、次はもう間違いなく」

「夏川さん、まだあるんですか。わかりました、もういいですよ。あなたは正直な人ですね。私が今日夏川さんをお呼びしたのは、そんなことじゃないんです。実は、来月からあなたに夕刊編集部をお任せしたいんです」

「夕刊編集部長ということですか。やっぱり私に何か失敗があったんでしょうか。社長、これって、〝ドッキリ〟ですか。どこかに隠しカメラが仕掛けてあるんでしょうか。私、課長になってまだ半年です」

「私はあなたをいじめてるつもりはありません。ここ数か月の生活くらし面への読者の反響がケタ違いに大きいんです。しかも全国から届いています。あなたの編集センスが光っているんです。その力を廃刊寸前に追い込まれている夕刊の紙面づくりに活かしてほしいんです。ことは急を要しています」

社長の目には有無を言わせぬ迫力があった。

「これって、断れないんん、ですよね」

「そう思ってもらって結構です。がんにでもならない限り無理、と考えてください」


夕刊編集部長。朝刊に比べて自由裁量の範囲が広く編集者の力量が問われます。この業界で仕事をする者にとっては、自分の色を出せる輝く存在であり、一度はやってみたいあこがれのポストです。しかし、今の自分に、世の中のあらゆる現象に反応できるだけの感受性が備わっているだろうか。夏川さんは自問自答します。しかし、イエスの返事だけという社長からの相談は選択肢がなく、結局これを受け入れて、夏川さんの新しい大きな業務が始まりました。

夏川美砂さん。実は課長職への登用は、同期トップグループから一年の遅れをとっていました。そのことへのわだかまりが心の中ではずっと尾を引いていました。課長から部長への昇進は最短でも五年という慣例を破って、夏川さんは課長職半年で部長昇進という異例の人事扱いを受けたことになります。もちろん同期では一躍トップに躍り出たわけです。

夏川さんは伝統ある大手新聞社の三十歳代女性編集部長として、各テレビ局が大きく取り上げました。そして、業務面では優秀なスタッフのサポートを受けて魅力ある紙面づくりの第一歩を順調に踏み出しました。

仕事ができる人って、見ていてあこがれますよね。仕事を世界観で捉えて論理的な構築をしてその企画には一分の隙もない。仕事に説得力と勢いがあります。ですが、ここまでなら、頭のいい人です。

このやり方を家庭に持ち込んだらうまくいきません。家庭は理屈じゃなく感性で成り立っています。すぐ「何で」って聞く人いますね。仕事では大事な手法ですが、これを家庭でやったらきらわれますよ。

「私、この味きらいなの」

「何で」

「何でって、きらいなものはきらいなのよ、あんたアホか」

でおしまいです。使い分けができる人でありたいですね。

魅力的なのが、仕事以外に特技を持ってる人、あこがれますね。特に日常の中でふと何気なくそれが出ると感動しますよ。その代表例が、英語とピアノですね。

同僚とサラメシしようと駅前通を歩いているときに、外国人が話しかけてくる、たいがいの人は片言の英語はしゃべれるんです。ところが、相手が何を話しているのかがわからない。だから尻込みするんですね。そんなときに、周りの日本人が聞き取れない英語でペラペラと簡単に受け答えして、外国人が「サンキュー」と言って笑顔で立ち去ったとき、かっこいい、英会話いつ勉強してるんだろう、って感動しますよね。

それから、同僚たちとの飲み会のあと、普通はカラオケなんでしょうが、ちょっとリッチにピアノバーでグラスを傾けようか、となったときに、「じゃあ、一曲弾かせてもらうよ」と、ピアノに向かってたった二分三十秒で自分の世界を作りあげる。うっとりしますね、かっこいいですね。この人の奥の深さと幅の広さを感じさせてくれますね。

英会話もピアノも子供の頃に習得すれば上達は早いようです。大人は理屈が先行するので上達しづらい。子供は頭を使わず手と体で覚えてしまうんだそうです。でも、好きこそものの上手なれ、とも言います。今からでも間に合います。英会話もピアノも好きだ、と自分に暗示をかけて、それを使う場面をイメージしながら習い始めるのも人生を楽しむ方法でしょう。こんな魅力を持った人、輝いて生きる人を、〝仕事ができる人〟って言うんでしょうね。

夏川美砂さん。周囲の期待と自らの情熱が相乗効果を成して紙面づくりが大きく変わろうとしていました。一方で夏川さんには数か月前から体調面で気になっていたことがありました。ときどき左胸がひきっってズキンズキンと痛むのです。両親を相次いで亡くしたショックもあって、心の痛みが体の痛みとなって表れたのだろう、時間が経てば和らぐはずだ、と考えていました。会議や出張で慌ただしい日々が過ぎていきましたが、胸の痛みは和らぐどころかなお一層強くなっていきました。集中力も痛みで途切れがちになります。「これはおかしい」と、病院へ駆け込むと、すぐに検査のメニューが用意されました。

検査結果は一週間後。仕事の合間を縫って病院を訪れました。強い不安と二人連れで診察室のドアを開けました。そして、担当医の診断を待ちました。

「乳がんですね、Ⅲ期です。すでにリンパ節にも転移しています。直ぐに手術をしましょう、左胸は全摘です」

担当医は、必要な単語だけを並べて淡々と伝えました。

夏川さんの不安は恐怖に変わっていきました。

「先生、待ってください。ほかに方法はないんですか。セカンドオピニオンも、いえ本当に、」

「そんな余裕はないですよ、手術は急ぐ必要があります」


夏川さんは、ここでもまた選択肢のない決断を迫られたのです。

「わかりました」と答えるのがやっとでした。しかし、今医師から突きつけられた言葉が整理できない、受け入れられない。一人娘を大事に大事に育ててくれた両親を相次いで亡くして、仕事では目まぐるしく変化する日々を乗り越えてきました。自分の体の悲鳴を聞いてあげる余裕がなかったのです。しかし今、自分の体の中ではがんが大きく育って転移もしています、もう時間がないのです。

帰宅して夫に伝えました。

「やっぱり、がんだった」

「そう。僕はずっとそばで支えるよ。だから早く治療して新しい生活を始めよう」

夫の言葉がうれしかった。犯人捜しをするよりも、これからの二つ目のいのちをどう生きるかを一緒に考えよう、と言ってくれた。夏川さんは、迷いが吹っ切れました。


いい人生にしたい、って誰もが思います。じゃあ、あなたにとって、いい人生って何でしょうね。

少ない給料でも一生懸命働いて、夜は工夫して作ってくれた食事を家族で笑いながら食べる、脇には一本百円の冷たく冷やしてくれた発泡酒。糖質ゼロ、プリン体ゼロ、人工甘味料ゼロ。高齢者なので痛風と肥満には気をつかってます。するとカミさんが言うんです。「じゃあ、飲まなきゃいいでしょ」と。そうはいかない。これが一日で一番充実した時間、人生で一番うれしいときなんです。

夕刊編集部長になって三か月、まだ何の成果も出していません。自分を抜擢してくれた会社には大きな迷惑をかける申し訳なさと、何で今、という悔しさを強く感じました。

手術は予定通り左胸を全摘。このとき、夏川さんは女性としてのつらさと寂しさを身をもって実感しました。胸の痛みはがんが神経を圧迫していたのが原因でした。原因がわかったことと今日からあの痛みから解放されることで心底安堵しました。

休む間もなく抗がん剤治療が始まります。髪が抜ける。爪が黒くなる、体重が減る。抜けた髪の毛を手にとってみて、〝あぁ、私はがんになったんだ〟と初めて実感しました。吐き気やだるさという身体の中のつらさより、自分の風貌が変わっていくことのほうが耐えられなかった。いつもダイエットを心がけてきたのに、体中が垂れ下がってしまったこんな痩せ方は、ちっともうれしくはなかったのです

肺がんになりますと、気管支鏡検査や気管支鏡治療というのがあります。胃カメラよりも細い管を肺の中に入れてがんの検査や治療をするんです。肺がんの人はみんな経験があるはずです。私、六十回くらいやりましたが、何回やってもそのたびにつらいです。肺というのは空気以外は入ってはいけない臓器です。だから慌てて食べたときに間違って食べ物が肺に入ろうとしたらむせ返りますよね。あれは、〝入

ってくるな、出て行け〃と、繊毛が一斉に異物を追い出そうとしてくれている現象なんですね。人間の身体ってすごく良くできていますね。だからあのときは回りに気兼ねして辛抱せずに思い切りむせて口の中に戻したほうがいいんですね。

そんなデリケートな肺の中に管を入れるんです。普通なら入りません。無茶な外科の若い医師がいましてね、私一度だけ経験があります。せき込んでいるのに無理やり管を押し込もうとするんです。死ぬかと思うくらい苦しくてむせ返りました。だからしっかり麻酔をかけて繊毛を眠らせてから管を入れるんです。それでも起きてる元気な子がいますので、管の先端から麻酔薬を出しながら慎重に進んで行くんです。細い気管支を管がふさぐのですごく息苦しいんです。体の奥の方で、チクッ、チクッと痛むんですね。すごく不安になるんです。

そんなときに、操作している医師が、突然「あっ」、って叫ぶんです。これ、不安を通り越して恐怖を感じますよ。で、これは二人の医師でやることが多いです。「あっ」って叫んだ医師Aがもう一人の医師Bに、「おい」、って言ってるんです。すると、医師Bも「あっ」。あのねぇ、医師が患者の前で「あっ」とか「あれっ」とか言わないでもらいたいんです。私の意識はしっかりしてますが、口から管が入ってるのでしゃべれない。これ、恐怖のどん底ですよ。

で、管がはずれてすぐに聞いたんです。

「先生、途中で、あっ、って言いましたよね、何があったんですか」

「あぁ、あれ、聞こえましたか」

「聞こえますよ、目の前で大きな声ですから」

「実は、ビデオのスイッチ入れるの、忘れてたんです。大丈夫です、途中から入れました。それに術後の経過は順調です」

「〝ビデオはオン、口はオフ〟って壁に貼っておいてください」

夏川美砂さん。自宅療養でホルモン療法を続けました。これからどう生きていこうか。優しく見守ってくれる夫がいて家庭の大切さとありがたさを改めて感じました。その上で仕事がしたい。私を評価してくれた会社の期待にも応えたい。しかし、この先、がんの再発や転移のリスクも背負って生きることになります。今日からは、バックギアのない〝いのちの車〟を自分の手と足で運転しなければなりません。この〝いのちの車〟の運転席は誰にも譲れないのです。

職場復帰したら、夕刊編集部長をお返ししよう。そして、編集方針策定も赤ペンも捨てて、現場を駆け回って自分の手で記事を書いて読者に届けたい。これが私がやりたいことだ。夏川さんはがんになって職場から離れてみて、自分がやりたいことがやっとはっきりと見えてきました。

一年半の休職期間を経て職場復帰の日。

夏川さんは、会社に入って真っ先に社長室に向かいました。アポは取ってあります。

「社長、ただいま帰ってまいりました」

「夏川さん、おかえりなさい。あなたには大きな負担をかけましたね」

社長は待っててくれたんだ、うれしかった、思わず涙が溢れ出しました。

「社長、お願いがあります。夕刊編集部長を下ろしてください。記者としてペンを持って現場を走り回って自分で書いた記事を読者に届けたいんです。これが私がしたい仕事だと、休職中に気づいたんです。お願いします、原点に返ってやらせてください」
「そうですか、夏川さんの強い決意を目の前で感じました。大きな病気をいのちをかけて乗り越えてきたんです。きっと今のあなたにしか書けない記事があるはずです。期待しています。やってください」

こうして自分に正直に生きる夏川さんの二つ目のいのちが始まりました。

働き盛りの人ががんになると、〝働きたい〟という気持ちがなお一層強くなります。治療費の負担や家計を支える義務だけでなく、自分が社会とつながっていたい、こんな身体でも社会のお役に立っているんだという人間としてのプライドを持っていたいんですね、それが生きてることを実感できる証《あかし》なんです。仕事への情熱があるから上質の仕事をします。自分を元気にするために自然の笑顔が美しくなります、だから同僚たちも集まります。治療や検査で休むことがあるので、仕事も手際よくなります。こんな人が職場に一人いると、職場が自然と明るくなって活気づくんです。

夏川さんは今、つらい思いをしながらそれを乗り越えて輝いて生きようとする全国の人たちを追いかけています。そして、今の自分の感性で記事にする。自分ががんに出会ったからこそ気づけたことがあります。伝えられることがあります。そして、〝輝いて生きる人たち〟という連載コラムが始まりました。夏川さんの記者署名入りコラムです。うれしかった。これが夏川さんがやりたかった仕事です。

私には人生の強いお供がついてくれている。家族、仕事、職場、そして、がん。

私には抗がん剤治療の直後から出てきた病気がいくつかあります。その一つに緑内障があります。両目とも視野が狭くなってまして見えにくいんです。この病気は視野が回復することはなくて、病気の進行を遅らせるのが治療の目的なんです。で、眼科の先生は、この人が生きてる間は見えるようにしてあげたい、と考えます。そうすると、この人があとどれくらい生きるかが治療法を決める大きなポイントになります。

私、この緑内障を二十年前から発症してます。で、「肺小細胞がんで治療中です」と言いますと、眼科の先生でもこのがんが生きることが難しいと知ってますから、「リスクのある手術はやめておきましょう」と。ところが最近になってだんだん見えにくくなってきて、私が、まだ生きている。そこで先生が困った。「樋口さん、まだ生きますよねぇ」という残念そうな表情です。で、先月片目の手術をしました。十日入院して二十日間自宅で安静が必要です。私、今座布団に座って着物を着てここで安静中なんです。

手術室に入ると、クラシック音楽が流れています。ショパンの調べ。手術は目だけの局所麻酔なので耳は聞こえるんです。緊張が解けていきます。そして、手術室の看護師さん登場。私が二十三年前に発見した法則通り、きれいな人です。手術の不都合で目が見えなくなったときに備えて、最後にはきれいな景色を見せておいてあげようという病院の温かい配慮なんです。

いよいよ手術開始。先生が言います。「これから何度も水で目を洗います。水が目に入ると痛いので、痛く感じない水をつけます。けど、その水が結構痛いんです。どっちがいいですか」

こんな先生に出会えて良かった。この先生に二つの目を預けることにしました。

「夏川さん、社長がお呼びです。秘書室から電話で今すぐ社長室へ来てほしいって」

「社長が私に、ですか」

「そう。そういえば今朝エレベータでお会いしたとき、ずいぶんとイライラされてたわね。夏川さん、何かミスやったんじゃないの」

「私、心当たりないけど」

「そういうときはね、指摘される前に自分から先に謝ったほうが、罪が軽くなるのよ」

「うん、わかった、じゃあ、行ってくる」

「しっかりね、先に謝るのよ」


「社長、失礼します、夏川です」

「あぁ、夏川さん、お待ちしてました、どうぞ。こちらにお座りください。仕事のほうはどうですか」

「はい、強いやりがいを感じております」

「そう、それは良かった。ところで、最近困ったこととか、私に相談したいこととか、ありませんか」

二年前にもこれと同じやりとりがあった。いやな予感がした。

「実は、来月に当社の株主総会を予定してましてね、そこであなたに役員に入ってほしいんです。初めての女性役員誕生ということです」

「社長、これって、〝ドッキリ〟ですか。どこかに隠しカメラが仕掛けてあるんですか。私、ペンを持って走り回って記事を書いて読者と交流できるこの現場の仕事が性に合ってるんです。仕事をしたーって満足感もあるんです。前回の『がんにでもならなきゃ断れない』って条件、もう通用しません。私がいのちをかけて見つけた今の仕事、どうかこれからもやらせてください」

「夏川さん、そうですか。よくわかりました。私は、あなたが役員になることで社員みんなが元気になってくれると考えました。それに、ほんの少しですが給料もあがりますので、これからも続くであろう治療費へのお役に立てれば、と。ですが、あなたが役員の重圧で暗い顔になったらその意味がない。夏川さんの今の輝いているその笑顔が一番です。夏川さんの笑顔は社員に伝染します。会社の財産です。今回の件はあなたの希望を入れて、なかったことにしましょう」

「ありがとうございます。社長、一つだけお願いがあります」


「一つだけって、今一つ聞きました」

「あっ、じゃあ、二つだけ」

「あと一つ、何ですか」

「会社を元気にして大きく成長させる秘策があります。売上高を拡大させて同時に費用を削減して収益を増大させます。設備投資や銀行借入は一切不要です」

「夏川さん、怪しげなコンサルタント会社に洗脳されたんじゃありませんか。そんなうまい話があるわけがないです」

「それがあるんです。ただ、これは特許がとれないので早い者勝ちです。社長、社員募集しましょう」

「毎年やってますよ」

「いえ、臨時募集です。ですが資格要件があります。〝社員募集――年齢不問　ただし、がんの人に限る〟、これです」

「なるほど。がんになって、より一層働く意欲が湧いた夏川さんのような人材を全国から求めようというわけですか。すべての職場が笑顔で元気になりますね。それに通院治療や検査があるから仕事が早くなってみんなのお手本になる。家族との時間が増えたらそれがまた働く意欲につながる。なるほど、これ、名案ですね。早速やりましょう。夏川さん、あなた、やっぱり役員になってくださいよ」

「辞退させていただきます。自分の身の丈に合った仕事が一番幸せです。それに役員は二年でクビになりますが、社員は定年まで働けます」

第二章

がんでも働きたい

がんは長くつき合う病気

今、日本では毎年約百万人ががんと診断されて告知されている。二十世紀最後の年二〇〇〇年が五十万人強であったので、その数約二倍に膨れ上がったのである。これには理由が二つある。一つは高齢化が進んだこと。がんは生活習慣病であり、また年を重ねることで免疫力も弱まり、がんのリスクが増すということである。二つ目は、がん検診が浸透したことである。二〇〇七年にがん対策基本法が施行されて、その施策の一つに、全国各都道府県でのがん検診率向上の数値目標が設定されて実行された。その結果、がんと診断される人が増加した。また組織的ながん登録も推進されたのである。しかし、これはがんの早期発見早期治療を目的としており、健康寿命を延ばすうえで大切なことである。

ところが、がんという病気は早期発見早期治療でおしまい、というわけにはいかない。ここがほかの病気と違う点である。本人はそのあとも定期検査や通院治療が続き、再発や転移の不安や恐怖を持ち続けることになる。がんに出会ってからの二つ目のいのちは、〝時限爆弾を背負って生きるようなもの〟と、私は表現してきた。

このように、がんという病気は、早期発見によって人生の中で長く真剣につき合う病気になったのである。そして、がんと上手につき合うことによって、より充実した輝く人生を生きてほしい、その考え方や事例を提示するのが本著の目的の一つである。

働き盛りのがんが増えている

　高齢化と早期発見によって、がんが長くつき合う病気になったことに加えて、二人に一人ががんになる、という時代でもある。地下鉄で前の座席に六人が座っていると、半分の三人はがんになるんだ、スマホゲームなんかやってる場合じゃないぞ、と呼びかけたくなる。平日朝の新幹線は、出張に行くビジネス客で満席である。今は車内検札がないので着席と同時にほとんどの人が熟睡している。トイレに立った帰りに二人席を見ながら、どちらかががんになるんだよ、寝てる場合じゃないよ、と心でつぶやいてみる。電車の中も結構忙しいものである。すると、ある日、妻が言った。

「うちは、あなたががんになったから、私はもうならないわね」

　わかったようなどこかちょっと違うような、思わず、そうだね、と言いそうになった。

国立がん研究センターの調査では、がんと診断された人の約三割が六十四歳までの就労世代である。この比率と絶対数はさらに増え続けるものと考えられる。特に四十歳を過ぎてからの〝働き盛りのがん〟は影響が大きい。職場では大きな仕事とスタッフを任されていることが多く、家庭では育児や進学などで生活費の負担が大きくのしかかっている。がん治療で長い休職や頻繁な通院治療を余儀なくされたとき、治療費の負担や収入の減少による生活への圧迫だけでなく、職場復帰や業務継続への不安が大きくなる。ＮＨＫの調べでは、治療と仕事の両立が難しく、約三割が退職に追い込まれている、という。がん治療を取り巻く環境で、今必要なのが、〝働き盛りのがん〟への支援である。

患者目線での対策を

二〇〇四年九月、ＮＨＫ朝の情報番組「生活ほっとモーニング」ががん特集を企画した。がんの悩みを共有して解決策を見い出そうという趣旨であった。朝の連続テレビ小説が終わってすぐに、画面は「いのちの落語独演会」での私の高座姿をアップで映し出した。番組タイトルを表示する前に特集の目玉商品を見せるという異例の扱いだった。

全国で同じ悩みを持つ仲間たちからの反響が大きく、このがん特集が大きな反響を呼んで企画が続き、私は柳原和子さんや岸本葉子さんたちと一緒に連続して出演することになった。このエネルギーがＮＨＫの大型企画〝がんサポートキャンペーン〟となって、がんの人の悩みとがん治療の課題と支援策の検討が始まったのである。そして、この番組の最終回、ＮＨＫのスタジオに特設高座を組んで、私の生放送での「いのちの落語」で番組のメッセージを伝えた。私の高座で始まり私の高座で終わるという洒落た企画となった。

この送り手中心の番組が起爆剤となって、各地のがんの仲間たちが治療や生活面での課題を分かち合って連帯をしよう、と二〇〇五年に全国がん患者大集会が大阪で開催された。そこで採択された「患者主体のがん情報センター設立の要望書」をその場で厚生労働大臣に手渡したのである。ともすれば避けられがちであったがんという病気が、本人たちが団結して立ち上がることで表舞台に出てきたのである。

そして、NHKテレビのがん企画番組やこのイベントが引き金となって、検診促進によるがんの予防対策と、医療機関の整備や医師の育成による医療の均てん化などを盛り込んだがん対策基本法が二〇〇七年に施行されたのである。

その後、基本法の実施から十年が経って、治療技術の進歩や新薬の開発が進み、治療後も職場復帰して業務ができるようになってきた。その一方で、復帰後も通院治療や検査で職場を離れることがあるのもこの病気の特徴であり、それが原因で退職に追い込まれることも増えるなど、新たな課題が出てきた。この〝働き盛りのがん〟への対応策を盛り込んで、二〇一六年十二月にがん対策基本法が改正された。

改正法の基本理念は、がんの人がいのちの尊厳を保持しながら安心して暮らすことのできる社会を構築することを目指す、とした。そして、企業側の「事業主の責務」を設け、働く人ががんになっても雇用を継続できるよう配慮することを設定して、国や自治体には、事業主に対してがんの人の就労についての啓発と知識の普及に必要な施策を講じるよう定めた。

すでに、この取り組みに積極的な企業では、各社各様に具体策が実行に移されている。消化できずに溜まった休暇を、通常は五日以上での取得が原則のところをがんの治療に限って一日単位で取得出来るようにした会社がある。病気治療のために勤務時間を自由に選べるフレックスタイム制度の導入や半日休暇取得制度を設けて通院治療を受けやすくした会社もある。ある証券会社では、抗がん剤の副作用に伴うウィッグの購入費補助を実施している。がん治療と仕事の両立についての理解と協力を得ることを目的に全社員を対象にeラーニングを実施している会社もある。

自治体では、東京都はがん治療と仕事の両立に積極的に取り組む企業に対して就業支援奨励金を出している。また、優れた取り組みを行う企業を発表表彰している。これらの先行施策が成功事例としてモデルケースとなって国や自治体が後押しをして横展開されていくことが成功の秘訣である。施策の基軸が恩恵型の上から目線ではなく、痛みやつらさを分かち合える患者目線であることが重要なポイントである。

がんでも働きたい

「樋口さん、お加減はいかがですか」

病室に私の部署のスタッフ男女数人が見舞いに来てくれた。病室がいっぱいになった。久しぶりに見る仲間たちの顔である。職場の空気が病室いっぱいに広がった。私が不在になった九か月間の職場での出来事を次から次に話してくれる。報告書を読んで知っていることでも本人の感情が入るとまた違った話になるから面白い。失敗談の自慢合戦で大笑いになった。入ってきた看護師さんが、「楽しそうですね」と、仕事の手を止めて一緒になって笑っている。

この病室にこんなに大きな笑い声が響き渡ったのは初めてだ。誰も私の病状や復帰時期のことは何も聞かない。彼らなりに精いっぱい気をつかってくれているのがよくわかる。帰り際に女性スタッフが言った。

「みんな、待ってます、スタッフも書類も。あっ、それから、飲み屋さんの請求書もたくさん届いてます」

一九九六年一月、四十三歳のとき、毎年受診してきた人間ドックで肺に異常が見つかり大学病院で精密検査を受けた。肺がんだった。がんの組織診断で小細胞がんだとわかった。検査入院中に研修医と勉強会をやっていたので、進行性で悪性度の高いがんだと受け止めた。すでにリンパ節へも転移している。担当の内科医が言った。

「三年生存率は五パーセントです。五年は、数字がないんです」

自分のいのちが崖っぷちに立っているのが見えた。内科医が続けた。

「このがんは抗がん剤治療が常道ですが、手術の可能性を探ることも必要でしょう。その場合は信頼できる先生にお願いしましょう」

今では当たり前となったセカンドオピニオンの発想を提示してくれた。

何人かの頼れる医療関係者に連絡を取った。妻と話し合った。そして、一晩考えた。病院が推薦してくれる先生にお願いしよう。その日のうちに大学病院の医師二人がすべての検査データと本人の希望を携えて総合病院の外科医を訪ねてくれた。夜遅くになって、内科医から病室に電話が入った。

「先生が手術を引き受けてくれました。そして病床を用意してくれました。明日すぐに転院しましょう」

大事な要件があっという間に進んでいった。こうして、私は総合病院でがん治療を続けることになった。そしてこのあと、手術だけでなく、私の人生に長く寄り添ってくれる先生と出会うことになるのである。


私は、会社では新規事業の企画室長として、会社の十年後二十年後の将来を担う事業を企画育成する業務を行ってきた。身体と頭はいつも多忙であった。国内外の出張も多い。関西出張での帰りの新幹線で車内販売の人から、「また最終ののぞみ号ですね」とよく声をかけられた。事業買収で海外出張も頻繁にある。けれど、それ以上にもの作りの楽しさを味わっていた。自分たちが企画育成した製品がカタチとなって世界中で使われている、役に立っている、喜んでくれている。そう感じたときに、この仕事をして良かったと、強い満足感と達成感を得てきたのである。

その職場から、事前予告も準備もなく突然に隔離されてしまった。職場や関係部署は混乱したはずである。病室から電話で当面の対応をお願いしてその場を凌いだ。目の前に突きつけられた数字がある。三年生存率五パーセント。これからの治療方法や入院期間、職場復帰の見通し、治療費の規模や家族の生活費など、今まで当たり前のこととして普通の生活の中に収まっていたたくさんのことが大きな不安となって急に頭を持ち上げてきた。

この一つ一つを乗り越えていかなければならない。その先に平穏で幸せな生活といのちが約束されている保証は、どこにもない。これが、〝働き盛りのがん〟である。

「樋口さん、お待ちしていました」

大学病院から転院して総合病院に入院したその日、私の病室を訪れた主治医となる先生の第一声である。小柄ではあるが大きな包容力を感じた。

「これからつらい治療が待っていますが、私も力の限りを尽くします。一緒に乗り越えていきましょう。困ったことがあったらいつでも何でも言ってください。奥様、心配しないでください」

となりの妻にまで気遣いをしてくれた。妻は微笑みかけるようなこのひと言に救われたという。イエスかノーで進んで行くフローチャートのような理詰めの大学病院とは対照的に、ここにはファミリーのような気安さと温かさを肌で感じた。

治療計画が決まった。まず抗がん剤治療で右肺上葉にこぶし大に膨らんだがんの病巣を小さくしてから手術をして、術後にまた抗がん剤治療を続けることとなった。手術は九時間かかった。ぴったり予定通りであった。朝の八時に始まって手術が終わって集中治療室に移ったのが夕方の五時であった。右肺上葉を切除して、がんが広がっていないことが確認できた中下葉の肺を上につなぐという気管支再建術まで、予定したことがすべてできた。この九時間、本人は全身麻酔で意識がないが、家族はとてもつらかったであろうと思う。早く終われば予定したことができなかったことを意味する。長引けば不都合があったかと心配になる。そして、待機場所を離れられない。

集中治療室で麻酔から覚めて、妻の顔が見えて声を聞いたとき、生きてるんだ、と実感した。しかし、その喜びもつかの間であった。休む間もなく抗がん剤治療が始まった。予想通りたくさんのリンパ節から転移のあとが見つかった。もうがんは全身を駆け巡っている。できるだけ早くできるだけ多くの抗がん剤でそれを追っかける。増殖が早く強いがんである。再発と新たな転移を防ぐために、ここから半年あまりの抗がん剤治療が始まったのである。

術前の抗がん剤治療で、その効果や副作用は体験している。対処方法もわかっているつもりだった。しかし、体力の回復を待たずに続く治療であり、その回数を重ねるごとにつらさが増していった。食べられない。体重が毎日一キロずつ減っていく。看護師さんが点滴のパックを交換に来ればその動く風で吐く。昼夜を問わず三十分おきに吐く。何も食べていないので吐くのは濃い胃液だけである。それでも吐いた直後に水を飲んで毒を体外に出す手伝いをしてやる。集中力がなくなる。じっとしていられない。いつも動いてないと身体が痛い。免疫力が極端に落ちるので家族は病院に来ない。朝の血液検査のデータは医師より先に見せてもらって毎日の励みにする。ただ、これらの症状も三週間持ちこたえれば収まっていくことがわかっている。だから頑張れる。

この副作用のきつい頃は毎晩強い睡眠剤を飲んで寝る。ぐっすりと眠って疲れが溜まるのを少しでも押さえて翌日の戦いに備えるためである。ただ、ときには昼間のきつい検査や治療で疲れ切って夕方には寝ついてしまうこともある。夜の巡回で病室にやって来た看護師さんが言う。

「あら、もう寝ちゃったの。樋口さん、睡眠剤を飲む時間よ、起きて」

集中力がなくなってボーッとした頭で病室から見える電車を目が追っか

けていた。朝の通勤時、近づいてくるオレンジ色の電車は通勤客で満員である。ただじっと見つめていた。

「あの満員電車に乗りたいなぁ、会社に行きたい、仕事がしたいなぁ」

思わずつぶやいていた。仕事がしたい。誰もがしている普通のことが、そのときの自分には輝いて見えたのである。それ以来、毎朝病室の窓際に立って、電車を追い続けた。この〝朝の満員電車に乗りたい〟という強い気持ちが職場復帰への大きな原動力になったのである。

一九九六年十月、長い治療を終えて退院した。十か月ぶりに我が家に帰ってきた。一月に入院のために大きなカバンを持って出ていくときは、もう二度とここへ帰ってくることはないかもしれない、との思いで、玄関の扉を静かに閉めた。感無量である。住み慣れた自分の家が一番いい。工夫して作ってくれた我が家の食事が一番美味しい、自宅の風呂に浸かれば気持ちがいい、自分の布団に入れば睡眠剤は要らない。長い間離れてみて我が家の良さが初めてわかった。

ところが、その喜びも長くは続かなかった。手足の指先が少ししびれるな、と感じ始めて数日でそのしびれが全身に広がった。体のどこをたたいてもつねっても何も感じない。箸を持とうとしても滑り落ちてしまう。茶碗が持てない、服が脱げない着られない、靴が履けない、そして、歩けなくなってしまった。食事は口からお出迎え、トイレには這って転がっていく始末。夢を見ているようである。魔法にかけられたようでもあった。家の中で何もできない体になってしまった。抗がん剤治療の後遺症である。強い抗がん剤を長く大量に使用したため、末梢の感覚神経が機能しなくなってしまったのである。これほどに大きな後遺症は過去に前例がなく、有効な治療手段もなく、この体に慣れるしかない、ということがわかった。

「会社に行きたいんでしょ、仕事がしたいんでしょ。だったらリハビリよ」

この妻のひと言で、職場復帰に向けての自宅でのリハビリが始まった。メニューは妻が作った。台所に立って家族が食べた後の茶碗やお皿やコップを洗うのである。持てない茶碗をどうやって洗うのか。床はこぼれた水で溢れ返った。グラスを落として割れた破片で手を切った。それでも妻は手を出さなかった。どうやったらお皿が洗えるのか自分の体で覚えるしかなかったのである。それが終わったら、次は干して乾いた洗濯物をたたむ。これが難易度が高い。柔らかいものは力任せではうまくいかない。それ相応の力加減が必要なのであるが、それがわからない。こうして茶碗と洗濯物との悪戦苦闘の日々が続いた。

そして、二か月ほど経った頃に、スプーンを持って食事ができるようになった、タオルで手が拭けるようになったのである。そして、この家事によるリハビリは、その材料は枯渇することなく毎日用意されている。年中無休というリハビリの基本が仕組まれている。妻にとっては当面は二度手間であるが、できるようになったら家事への労働参加になって助かるのである。その先には、「ありがとう」という言葉が待っていたのである。リハビリのためのリハビリではなくて、自分のやっていることが家事の助けになって感謝される、という満足感が得られた。これは日々の苦しみの中で大きな希望になったのである。

一方、歩けない足のリハビリは、ただひたすら歩くことであった。転んでも起き上がって歩く、膝をすりむいても歩く、足首を捻挫しても歩くことであった。訓練をする道はただ一つ。家から駅への通い慣れた道である。この道を歩いて駅へ行く。リハビリセンターの平坦な練習場ではなく、上り坂も下り坂もあり、曲がり角や信号もある。一番リスクが大きいのが横断歩道である。左右に車が止まって今にもアクセルを踏もうとしている。前からは行儀の悪い歩行者がぶつかりそうになって過ぎていく。後ろからは急ぎ足の人が自分を邪魔者扱いしながら追い越していく。そして青信号が点滅する。足は思うように動かない。こんな恐怖を感じながら毎日歩く。それでも足を引きずってでも歩くのは、これが、仕事がしたい、という思いを実現するための第一歩だからである。

家から駅まで普通に歩けば十分ほどの距離である。自分の力で精いっぱい歩いて途中で休む。通勤者が足早に追い越していく。やっと駅にたどり着く。三十分かかっていた。そして、駅構内のベンチに座って、改札口に消えていく通勤者の後ろ姿をずっと見つめる。必ず自分も定期券を持ってあの改札口を通って会社に行く。それを毎日イメージするのである。

働き盛りの人間が仕事を離れて感じること。それは、その世代の誰もがしている普通のことがしたいということ。朝の満員電車に乗って会社に行って仕事がしたい、自分の存在が社会のお役に立っていると実感できること、そして、夕方には帰ってくる家があって家族がいるということ。それが自分の手から離れてしまって初めて、かけがえのない宝物に見える。だから、仕事がしたい、切ないまでにそう感じるのである。

職場復帰に向けての次の環境整備は、会社の理解を得ることである。受け入れ側が、まだ早い、不安がある、と感じれば本人が熱望しても職場復帰は叶わない。治療の後遺症による体の不具合は、妻のリハビリ指導によって時間はかかっても独力で日常生活ができるまでになった。次は、現在のがんの病状と今後の見通し、そして、がんという病気への周りの理解を得ることである。ここで中核的役割を担ってくれるのが産業医である。主治医とは専門知識での意思疎通を行い、本人の希望や不安を理解したうえで、人事部や上司と職場復帰への条件を詰めてくれるのである。

私はまず主治医に相談した。

「職場に戻りたいんです。仕事がしたいんです」

「大丈夫ですよ。あなたは仕事をすることでもっと元気になります。私から産業医の先生に話しましょう」


こうして職場復帰への最初の扉が開いた。リスクはあっても仕事をすることでより元気になれる、本人の強い希望である社会復帰を医療者としてそれぞれの立場でサポートしよう、と主治医と産業医が話し合ってくれた。

私は産業医と面談して今の病状やリハビリ状況や仕事への意欲を直接に伝えた。会社の医務室ではなく産業医が勤務する病院へ出向いた。

「治療とリハビリの大きな山を越えてきました。仕事ができることで生きてる喜びを感じたいんです。どうか応援してください」

「樋口さん、入院する前より今のほうが輝いてますね。復帰へのお手伝いをさせてください」

上司にも復帰の前に会っておきたかった。会社の近所にあるホテルのロビーで会った。常務取締役事業本部長である。この〝上司を呼び出した〟ことが後に話題となっていつまでも笑い話として語られていくことになった。

「職場の皆さんの応援が心の拠りどころでした。また仕事をさせてください」

「よく頑張ったね。また一緒に仕事をしよう。職場で待ってますよ」

一年間の休職と神経障害の後遺症を考えて、復帰後一か月間はフレックスタイム制度を使って十時から十六時までの時短勤務、週に一回は会社の医務室で産業医が代診を行って主治医と情報共有して通院回数を減らす、などを決めたうえで、産業医が人事部と上司に、がんという病気の特徴や私の病状や仕事への意欲などを説明してくれた。そして、関係者が理解を示してくれたうえで私の職場復帰が正式に決まったのである。

復帰は十二月二日の月曜日と決まった。入院からほぼ一年が経とうとしていた。入院治療費は大きな負担になった。健康保険の高額医療費払戻制度は事後請求であり、当時はまだ限度額適用事前申請制度もなく、一時的には個人払いであった。がん保険には加入していなかった。生命保険の入院特約給付金は受けたがこれも事後請求である。預金通帳残高の桁数がみるみる少なくなっていった。タクシーで高速道路を走ったとき、料金メーターが休む間もなくカチッ、カチッと上がっていくのと同じで、通帳を見ているだけで病気になりそうだった。有給休暇はすぐになくなったが、消滅制度導入前に残っていた過去の特別休暇を消化してすべての休暇がほぼゼロになっていた。しかし、これがあったので欠勤にならずに最低限の収入が保証されたのはありがたかった。

職場復帰の朝、食卓には炊き立ての赤飯が並んだ。妻の心遣いである。テーブルには、財布とハンカチ、そのとなりには買ったばかりの通勤定期券が光って見えた。スーツに手を通してカバンを持つ。何でもない朝の慌ただしい一つ一つの準備が懐かしくうれしい。一年前には、もう帰ってくることはないかもしれないと静かに閉めた玄関のドアを、今日は仕事に行くために開ける。感無量である。

「じゃあ、行ってきます」

「行ってらっしゃい、気をつけて」

毎日のリハビリで文字通り七転八倒した駅への道、今日は本番である。誰も振り返らない。自分が普通の勤め人である証明である。駅の改札口を入るとき、毎日通勤客を見送る自分が座っていたベンチに目がとまった。電車に乗った。病室で〝きっとあの満員電車に乗って会社に行くんだ〟と切ないまでに誓ったその電車に乗れた。〝やっと乗れたぞ、よく頑張ってくれたな、ありがとう〟、とあの頃の自分に報告をしたら、窓の景色がにじんで見えなくなっていった。


「おはよう」

「おはようございます」

職場の仲間が仕事をしながら挨拶を返してくれた。一年ぶりに自分の席に座った。机の上に一台のパソコンが置かれていたが、それ以外はスタッフの顔も職場の景色も一年前の朝と同じである。特別な気遣いはしない、というみんなの気持ちが伝わってくる。

「樋口さん、決裁印をお願いします」

「午後の打合せ、出席してください」

「このパソコンの使い方、後ほどお教えします」

次から次に要件や予定が入っていく。真っ白だった手帳があっという間に埋まっていく。これが生きているということなんだ、と実感した。

「やってるね、おかえり。昼メシ、行こうか」

同期入社の数人が私の机を囲んだ。入社以来、ともに激励し合ってきた同期の仲間は特別の連帯感がある。会社の近所のうなぎ屋で復帰祝いの昼食会を開いてくれた。サプライズであった。

事業本部忘年懇親会が開かれた。毎年恒例の立食パーティである。事業本部長が挨拶に立った。

「今日はうれしいことを皆さんにお知らせします。がん治療のため長い間職場を離れていた樋口君が、すさまじいまでの闘病を乗り越えて戻ってきてくれました。復帰前に、私は彼からホテルのロビーに呼び出されまして、復帰への並々ならぬ決意と体調を確認しました。何よりも、上司を呼び出す心意気に感動し、これなら大丈夫と確信したのです。ただ、この病気は、これからも治療や検査が続きます。大きな後遺症も抱えています。それを乗り越えて、一回りも二回りも大きく成長した樋口君を迎えて、またみんなで一緒に仕事をしましょう」

この事業本部長の挨拶で、みんなが私の周りに駆け寄ってきて乾杯をしながら復帰を祝福してくれた。そして、また仲間入りができた。

机に置かれたパソコン。一九九六年当時、社員に一台のパソコンを与える企業はまだ稀であった。しかし世の中は、CPUと呼ばれる大型コンピュータによる中央集中型データ大量処理の時代から、EUCという個人の目的に合わせてデータ処理をするエンドユーザコンピューティングの時代へと確実に動き始めていた。このパソコンを業務の効率化だけではなく、仕事の仕方を大きく変えて事業の拡大や人材の成長に役立てたい。そのために、このパソコンで何ができるのかを短期間で実証したい。私が職場復帰したのが、この投資先行型のプロジェクトが始まったときだったのである。

これは、私にはたいへん好都合であった。ペンは持てるようにはなったが、業務文書を書くには時間がかかる。でもキーボードを使えば人並みに文書作成やメールで意思疎通は図れる。こんなデータがあればいいのになぁ、という事業本部の課題も熟知している。私は飛びついた。ときはまさに情報化時代の到来を告げていた。事業本部の情報化推進を私がやろう。情報システム専門部署の協力を得て進めていくと面白いほど業務を変えることができた。そして、みんなが喜んでくれた。この仕事は自宅でもできる。時差通勤や病院への通院をする私には、自宅で仕事ができれば不在による不便さが解消できる。自宅に会社のネットワークとつながる専用回線を引いてもらった。面白いほど意思疎通が早くなって仕事の仕方が大きく変わった。体への負担も大きく軽減した。

そして、期せずしてこれが自宅勤務のテストケースとなったのである。この業務が評価されて、全社の情報化推進を担当してほしい、と大きな流れにつながり、新たなポストが用意されたのである。


生きるはずがないというがんに出会って、もがいて苦しんで大きな後遺症を背負って、それでも仕事がしたい、と切望した二つ目のいのちが、予想もしていなかった新たな会社生活の道を見つけていったのである。


「ただいま」

「おかえりなさい」

帰る家がある、という喜びを知った。それがあるから仕事に行ける。自宅に帰ってゆっくり風呂に入る気持ちよさも知った。次は、家を建て替えよう。がんに出会って中断していた自宅の新築である。窓がいっぱいあって明るい家がいい。たくさんの夢が目標になって、それが予定に変わって実現していく。生きる喜びがここにある。

うれしい言葉とつらい言葉

がんを生きていくとたくさんの新しい出会いがある。とりわけ病院とのつき合いは長くなる。医療者が業務用語として当たり前に使っている言葉でも、それを患者が聞くといやな思いをすることもある。〝オペ出し〟という看護用語がある。手術当日に病棟の看護師さんが患者をストレッチャーや車いすで手術室に移動させるときの言葉である。看護師さんたちが廊下で大声で会話をしている。

「今、手空いてますか」

「私、これからオペ出しです」

その看護師さんが押すストレッチャーにはこれから手術室に向かう患者さんが不安そうな顔で乗っている。自分が荷物として扱われているようで情けなくなる。〝オペ出し〟と〝オペ戻し〟。せめて患者さんの前では、〝オペ送り〟と〝オペ迎え〟と、人間扱いをしてもらえるとありがたい。

一方で、手術室の前まで来て、ひと呼吸してから、「頑張ってね」と、やさしい笑顔で肩をポンと軽く押してくれる看護師さんがいる。これはうれしい。これから手術に向かうその不安が一気に吹き飛ぶ。この看護師さんのことは一生忘れないだろう。


〝がん患者〟という言葉がある。いやな言葉である。これは一般用語としてメディアでも平気で使われるが、がんの人にとってはつらい言葉である。がんに出会って治療をして、これから新たな世界に踏み出そう、早くがんを忘れよう、としているときに、〝あなたはがん患者です〟、〝がん患者、がん患者〟と、テレビや新聞や講演会で指を差して連呼されると、いつまでもこの病気から逃れられなくなり、居場所がなくなる思いがしてつらくなる。私はこの言葉は、著書や講演などでは、意識してできるだけ使用しない。〝がんの人〟、〝がんの仲間〟という言葉で表現してきた。

働き盛りの人ががんに出会って、治療のために職場を離れることになる。治療を終えて早く職場に戻りたい。これが本著の主題である。いつ戻れるだろうか、いや、戻れないかもしれない。口には出さずともたくさんの不安と焦りを抱えて治療の日々を過ごす。会社の上司や同僚も気遣って声をかけてくれる。

「仕事のことはすべて忘れて、治療に専念してください」

働き盛りの人にとって、これが一番つらい言葉である。言うほうに悪気がないのはわかっている。後顧の憂いをなくして万全の治療をしてほしい、応援している、という温かい気持ちが込められていることもよくわかる。しかし一方で、もう自分は会社にとっては必要のない存在なのか、戻っても居場所はないのか、この病気になると見捨てられるのか、という気持ちになって大きな孤独感を味わうのである。

「君の席は空けて待ってるよ」

上司から言われるこのひと言が治療と復帰への最高のエールである。自分には組織での帰る場所がある、社会での存在価値が認められている、と感じることができて病気への闘争心と生きることへの勇気が湧いてくるのである。ただ、この言葉を言うのは容易いが実行するのは困難を伴う。組織のみんなが少しずつ仕事の量と幅を広げて不在者のカバーをしなければならない。その人が重要なポストであればあるほどその難易度が上がるのである。しかし、本人はこの言葉を目標に治療を乗り越えて職場復帰を目指す。そして、復帰を果たしたときには、本人の仕事への愛着と意欲は大きく増して、組織でのお互いの信頼感と結束力が極めて強くなるのである。

社員募集　応募資格は……

十の趣味より一つの仕事。

何にでも興味をもって趣味が多い、しかもヘタの横好きではなく多彩で多才。人間の幅が広くて人生を輝いて生きてるように見える。一方で、家族のためにと、仕事だけに四十年。不器用に生きてきた人が定年を迎えて、ハローワークへ行く。

「大企業で長年部長職を務めて人望も厚く、社外にたくさんの人脈も持っています」

「ほかにできること、ありますか」

「えっ」

趣味の楽しさは、しっかりとした本業があるから活きてくる。趣味が仕事になったらつらいことだけが増えてくる。プロ野球選手やプロゴルファーや噺家さんたちが、それらを趣味でやっている人たちによく言う。

「あなたたちは楽しそうでいいね」

うらやましそうに言う。でも、本当はそのあとに言いたいことがあるはずである。だから上手くならないんだよ、と。それが本業の厳しさであるが、同時にそれを仕事とするプライドと喜びも知っている。

働き盛りの人ががんになって職場を離れると、働きたい、という気持ちが今まで以上に強くなる。治療費の負担や家計を支える義務だけでなく、自分が社会とつながっていたい、こんな身体でも社会の役に立っているんだという人間としてのプライドを持っていたい。そのことが生きてることへの証になるのである。

働くことでその報酬を受け取る。相手が納得できる労働を提供したから支払ってくれるのである。遊びや気まぐれでは続かない。そこには厳しい労働契約がある。

「行ってきます」、「気をつけて」

「ただいま」、「お疲れさま」

今日も仕事があるという喜び、仕事を終えて家に帰ってきたときの達成感、この誰もがしている、普通のことが普通にできる、ということが一番うれしいのである。

海外旅行や出張でしばらく家を空けると無性に自分の家に帰りたくなる。

自宅の風呂や寝床が恋しくなる。各国の美味しい料理を堪能しているのに、自宅でお茶漬けが食べたくなる。離れてみて初めて当たり前にある存在のありがたさに気がつくのである。

がんになって長い間職場を離れて、仕事ができることのありがたさに気がつく。復帰すると、仕事への強い情熱があるので、取組姿勢は真剣で出来栄えも上質になる。自分を元気にするために自然の笑顔が美しくなる。だから同僚たちも集まってくる。通院治療や検査で休むことがあるので、仕事は効果的効率的に取り組んで手際よくなって周りのお手本となる。こんな人が職場に一人いると、職場が自然と明るくなって活気づくのである。

改正がん対策基本法の焦点となった〝がんと就労〟。働き盛りのがんにどう手を差し伸べるか、どんな対策が必要か。上から目線の制度設計ではなく、がんに出会った立場から提言すれば、答えは明白である。

がん経験を持つ社員を積極的に登用することが、会社を大きく成長させて職場を活性化させることに寄与する、ということである。この病気は、今後も右肩上がりで増え続けると予想される。各職場にがん経験者を配置すれば、ほかの社員も含めて急速な人材開発が進むことになる。教育投資や銀行借入は不要である。がん経験者は会社の大きな財産である、ということに気づいてほしい。近い将来、会社の決算書に企業評価の重要なプラス項目の一つとして脚注表示される日が来るはずである。

＊当社が保有するがん経験者数　○○名。

そして、本著をお読みいただいた経営者諸氏に経営戦略としての施策案を自信を持ってお勧めする。これは特許が取れないので早い者勝ちである。

社員募集◎年齢不問　ただし　がんの人に限る

第三章　輝いて生きる

今、がんを告知される人の三割が現役世代である。働き盛りでがんに出会って、どうして私が、何で今、と悩んでもがき苦しみ抜く。そして、自分は生きて何がしたいのか、と自分自身に問いかける。家族や仕事のことが脳裏に浮かぶ。そして、一つの答えが出る。しかし、その答えに「それはなぜ」と、自分自身に三回繰り返して問いかけてみるとたいがい行き詰る。考えが浅く腹が座っていない証拠だ。いいカッコしないで本音をさらけ出してみると案外簡単に答えが出てくる。

笑っていたい。

この言葉にたどり着いたとき、一年後、五年後、十年後の自分の姿が見えてくる。自分がいつかやりたいと温めてきたことを今から始める。その働く姿が輝いていていて周りをも元気にする。この好循環に気がついたとき、

〝がんでも働きたい〟と切望した二つ目のいのちが元気になって躍動するのである。

この章では、働き盛りでがんに出会い、一度は死を覚悟して自分を見つめ直し、二つ目のいのちを伸びやかに生きる人たちにご登場いただく。〝がんでも働きたい〟。いのちの叫びと生きることの意味をこの人たちから学びたい。

プロになった

私の名前は、長田《おさだ》弘美《ひろみ》、一九六一年に東京世田谷で生まれました。年齢は内緒です。身長は一六〇・五センチ。最近少し縮んだかな。髪は、ショートで体重は、企業秘密です。性格は、何事にも真面目ですが大雑把なところもあるかな、負けず嫌いで目標があれば頑張れます。でも小さなことで結構へこむこともあるんです。「お母さん、料理がうまいね」って二人の息子たちがよく言います。もう一つ自慢していいですか。若い頃の服、今でも着られるんです。

今の仕事は、プロのチョークアーティストです。チョークアートって、わかりますか。身近なところでは、カフェやレストランの店看板やウェルカムボードなどで明るく光って高級感のある絵を見かけることがあるでしょ。オイルパステルというクレヨンより柔らかい発色性のある特殊な素材を使って、指でくるくる混ぜて制作します。この手書きの量感と質感はデジタルでは表現できません。チョークアートならではの世界です。ほかにどこにもない一点ものとして、注文者からはたいへん喜ばれています。人に喜んでもらえるこのプロチョークアーティストの仕事に誇りを持っています。

今振り返ると、よくここまで生きてきたな、と感慨深いです。大学を卒業して画廊で働き始めました。小さい頃から絵が好きだったんです。特に油絵に魅かれました。その後、美術学校に転職しました。やっぱり絵に関わっていたかったんです。そこで講師をしていた夫と出会い、二十七歳で結婚しました。すぐに二人の男の子に恵まれました。三十歳のとき、学校を退職して子育てに専念、二人とも元気で素直な子に育ってくれました。成長すると、兄は野球に弟はサッカーにと、毎日汗と泥にまみれたユニホームを持ち帰ります。消臭剤のＣＭそのままです。四十二歳のとき、子育てが一段落したこともあって生活費の足しにと、アルバイトを始めることにしました。週五日、九時から十三時まで。倉庫から配送トラックに荷物を積み込む仕事です。事務より体を動かす作業のほうが気分転換になると考えたんです。それに、仕事は午前だけなので、午後はうちに帰って好きな絵が描けると、これがアルバイトに行く私の本音でした。子育てで忙しくても絵のことは忘れてなかったんです。

家族四人みんなが元気で幸せな生活が続いていた二〇〇八年十一月、定期検診のマンモグラフィー検査で引っかかり精密検査の結果、右胸に乳がんが見つかりました。母も姉も同じがんを経験しているのでいつか自分も、とは思っていましたが、四十七歳でしょ、少し早かったな、と感じましたがあまり驚かずにすんなりと受け入れました。病院で告知された帰り道、そば屋さんに入って山菜そばを食べました。お腹は空いているはずなのに食欲はなく、あったかい汁ものなら、と足がそば屋さんに向いたのです。やはり気持ちは動揺していたんです。翌年の二〇〇九年一月、右胸全摘の手術を受けました。術後はホルモン療法と分子標的治療の合わせ技でした。そして、一か月で職場復帰できました。

「長田さん、おかえりなさい。待ってましたよ。しばらくは体と相談しながら可能な時間で出勤してください。無理しないでくださいね」

と、上司が言ってくれました。チームを組んで仲間と一緒に行う仕事なので勝手なことはできません。でも上司のこの言葉がうれしかったのです。チームの仲間も復帰を我がことのように喜んでくれて、伝票記入などの事務業務を多くシフトしてくれました。今までは生活費の足しにと考えてきた仕事でした。けど、働くって、こんなにうれしいことなんだ、私にも仲間がいるんだ、私を頼りにしてくれる人たちがいるんだ、と気がついてなんだか急に体も心も目頭も熱くなりました。

ところが、手術から一年九か月後の二〇一〇年十月、がんの再発です。このときはショックでした。ホルモン療法も分子標的治療もしっかりやってきたのに、何で。それに、母も姉も再発はしていない、何で私だけ。四十九歳、このとき、私はきっと死ぬ、と感じました。再発後は、ホルモン療法と分子標的治療に加えて抗がん剤治療が始まりました。

「早く見つかって良かった。大丈夫、ボクはどんなことをしてもツンちゃんを支えるよ、家族みんなで頑張ろう」

と、夫が言ってくれました。結婚前は、夫は私のことを旧姓をもじって「ツンちゃん」、私は夫のことを名前をもじって「むっちゃん」と呼んでいました。今でも二人だけのときはそう呼び合っています。子供たちにこの再発をどう伝えようか、悩みました。同じ年代のがんの仲間に相談したら、日常の出来事のようにサラッと言ったらお互い楽だった、とにかく早く話してしまいなさい、とアドバイスしてくれました。子供といっても、兄は大学一年生、弟は高校二年生、二人ともしっかりしています。夜の食卓で四人がそろったときに晩ご飯を食べながら、がんが再発したこと、これからの治療方法や予後のことなどを淡々と話しました。兄はうなずきながらときどきニコッとして、弟は黙って聞いていました。二人とも冷静に受け止めてくれました。そして、あとで二人で話し合った様子でした。

抗がん剤の副作用で両手の指のツメが黒くなって剝がれそうになりました。水でぬれると飛び上がるほど痛いのです。すべての指に絆創膏《ばんそうこう》を巻いて手袋をして炊事をするのですが、それでも指に当たるとズキンと痛みます。二人の息子たちが交代で日常の買い物をしてくれるようになりました。その勢いで夕食の支度にも取りかかってくれます。

「母さんは座ってて」

二人の大きな男の子が台所に立って所狭しと動いている姿を見て、再発後初めて笑いました。この日の夕食はオムレツでした。

「美味しい、美味しい」

兄弟が一つのことを仲良くやっている姿が美味しさの秘密だったんです。


夫は毎朝、高校二年の次男の弁当作りに励んでくれました。朝早く起きて毎日メニューを考えて作る、これはたいへんな仕事だったと思います。

ある日、次男が学校から帰ってきて私に言うんです。

「父さんが作ってくれる弁当にはいつも奇妙なものが入ってるよ」

奇妙なもの、何だろう。夫に聞いてみました。

「そんなもの入れてないよ。奈良漬けとか焼きタラコは入れるけど」

それです。サラリーマンが出張の新幹線で食べる幕の内弁当と同じ発想には、高校生の息子はついて行けなかったようです。

がんが再発したとき、職場にそのことを伝えて休暇願を出しました。ところが新上司は、復帰予定はいつですか、の一点張りで病気や病状への気遣いや配慮はありませんでした。抗がん剤の副作用でツメが剝がれそうで業務にも支障があり、産業医にその対策を相談しましたが、有意義な返事はもらえませんでした。チームの仲間は、もう一度頑張れ、と応援してくれたのですが、このとき、強い孤独感を味わいました。

休職して治療中に、社内の健康相談室を訪問しました。ここでは、病気のことだけではなく、気持ちの不安や動揺をじっくりと聞いてくれました。相談者の話を途中で遮ることもなく、教え諭すこともなく、ただ黙って私の話にずっと耳を傾けてくれました。誰かに聞いてほしい、わかってほしい、という私の気持ちを受け入れてくれる人に会えたことがうれしかったのです。そして、最後に相談室の女性スタッフが言いました。

今の仕事にそんなにしがみついていなくてもいいんじゃないですか。
自分のしたいことをやって自分らしく生きてみたらどうですか。
今、五年後の自分の姿が見えますか。
ここにいたら五年後もきっと同じですよ。
あなたはそれでいいですか。

私ははっとしました。息が止まるほどの衝撃でした。五年後の自分の姿が見えなかったのです。浮かんでこなかったのです。ショックでした。私は毎日何をしてたんだろう、病気の治療や副作用のつらさばかりにこだわっていたことに気づきました。そうだ、自分らしく生きよう。自分に正直に生きよう。この健康相談室の女性スタッフとの出会いが、私の人生を大きく変えることになりました。

二〇一〇年十一月二十一日、人気グループ嵐の東京ドームコンサートに行きました。抗がん剤の治療中でした。先生には、この日外出できるよう抗がん剤の治療計画を合わせてもらいました。許可をもらってウィッグをつけて大きなマスクをして出かけました。何としても行きたかったコンサートです。私、リーダーの大野君の大ファンなんです。この日のコンサートは、大野君には内緒で会場みんなで「ハッピーバースデー」を歌おうというサプライズ企画があったんです。大野君の誕生日は十一月二十六日なんです。夫の誕生日ですか、えぇっと、いえ覚えてますよ。問題は、スタンドで飛んだり跳ねたりしながら三時間立っていられるか、ということでした。そのことを家族が一番心配しました。けど、始まってみると、あっという間の三時間でした。歌いました、踊りました、叫びました。一緒に行った友達が、あんた、両手グルグル回してはじけてたわねぇ、本当に病気なの、って笑ってました。好きなことはやればできるんです。自信がつきました。

二〇一一年、五十歳の誕生日に書き綴った日記があります。

私は今日から五十代……だいぶ響きが違う。
けど、すてきな五十代になれるように、
自分らしく健康に生きたいと願う。
自分の時間を大切にしようっと。

二〇一一年三月、抗がん剤治療の予定は十二クール。九クールまでやったけど、もうあとはやらない、と決めました。五十歳の誕生日に自分に誓ったんです。今までずっと温めてきた自分がやりたいことやろうって。これは自分勝手じゃない、死ぬときに後悔したくないから。

二〇一一年七月、再発や治療の副作用で回り道をしたけれど、職場復帰が決まりました。また社会の一員として仕事ができる。うれしかったです。ところが、仕事に復帰して二週間たったある日、作業中にひざを痛めてしまいました。再発治療で休んだ九か月間で体が衰えていて急な力仕事には耐えられなかったようです。リハビリのためには休暇が必要になりました。このときにチームの一人の声が聞こえました。

「もうこれ以上待てません」

上司は、当面事務作業に回すとか助っ人を入れるなど、何の擁護も調整もしてくれませんでした。もうこれ以上は無理だ。私は退職を決意しました。このあとの計画も生活費の減収も考えませんでした。ここに私の居場所はない、と感じたんです。

八年勤めた会社を退職して二か月、私は運命的な出会いをします。チョークアートです。街で偶然目にとまった店の看板、鮮やかできれいだな、これ、どうやって描くんだろう、ずっと頭から離れませんでした。そして、これがチョークアートという作品だと知りました。オイルパステルという柔らかい素材を使って指で描くんです。素材に発色性があるので完成作品は明るくて鮮やかでとてもきれいです。そして、この絵を見ていると元気になれるんです。

「これだ」

私は思わず叫んでいました。心の奥から湧き上がってくるいのちの叫びでした。再発で死を意識してからずっと追い続けてきたもの、私がやりたかったこと、自分を表現できるもの。それが今目の前にあるんです。

すぐにカルチャーアートの体験教室へ行きました。自分でやってみると、難しいけど面白いんです。そして、奥が深そうだ、と感じました。教室から帰ってからも時間が経つのも忘れて毎日家で描きました。体験期間が終わっても、これでやめるのはもったいない。プロ養成コースがあるのを知りました。これは趣味で終わらせるわけにはいかない、よし、プロになろう。ただ、資金が必要です。幸い、がん保険で出た給付金が残っていました。これを全部つぎ込みました。興味のあることをやっているときは何をやっても楽しくなれるんです。その勢いでプロ養成コースを卒業しました。認定書が手元に届きました。プロになったんです。

私は、プロチョークアーティストです。

プロになったことで自分の描いた絵をサインを入れて売ることができる。

買ってくれた人が笑顔で喜んでくれる。人とのそんなつながりをたくさん作りたい、これが私の人生の目的になりました。二〇一三年初め、運よく最初の仕事が飛び込んできました。注文はスナックの看板でした。A3サイズで丁寧に仕上げました。作品を引渡すときの依頼者の驚きと満面の笑顔、今でもはっきりと覚えています。この仕事、自然科学と違って正解がないから楽しいんです。私自身も何ができるかやってみないとわからない、だから魅せられるんです。そして、人に喜んでもらえるこの仕事、がんに出会ってからの二つ目のいのちが見つけた大切な宝物です。

今までに三百枚ほどの作品を作り上げてきました。そして、二〇一八年、東京都美術館で開催される公募展覧会に出品できる栄誉を得たんです。半年近くかけて作り上げました。出品は小作品部門で二作品と決まりました。タイトルは、「お届けもの。」と「まだ見ぬ場所へ」。二つとも六〇センチ

×五〇センチほどのサイズです。

東京都美術館へ搬入の日、家族みんなが出品作品を車に大切に丁寧に運んでくれました。そして、子供たちが言いました。

「お母さん、すごいじゃん」

「母さん、やったね」

夫は黙ってうなずいていました。その目はいつも以上にとてもとてもやさしい眼差しでした。

がんに出会って十年、家族は口には出さずとも同じ気持ちで自分の立場でできることをやってくれました。前だけを見て駆け抜けてきた十年でした。その家族の拍手に見送られて今、あこがれの東京都美術館へ向かいます。

リフォームしようよ

二〇一四年五月、馬場さんは六か月ぶりに会社に戻ってきた。職場に足を踏み入れたとき、もう仕事に出てきても大丈夫ですかといった少し心配そうな顔をしながらも、みんなが快く迎えてくれた。

「馬場さん、おかえりなさい」

仲間の顔、顔、顔。みんなの笑顔で、やっと戻ってくることができたという安堵感と、自分には働く場所があるという安心感が馬場さんの全身を駆け抜けた。仕事をする場所がある、仕事の仲間がいるってこんなにうれしいものなんだ、長い間職場を離れてみて改めてわかる喜びである。

「よし、また頑張ろう」

馬場《ばば》将彰《まさてる》さん。一九五九年の生まれで今五十九歳、二〇一九年に定年を迎える。会社は全国に事業所を持っており、馬場さんの勤務地も各地に及んだ。東京から札幌へ、そして金沢から名古屋へ、東京に戻ってから次は新潟へ、そして京都から博多まで。懐しい歌のメロディが浮かんできた。そのたびに引っ越しである。奥様の純子《じゅんこ》さんに聞いてみた。

「まず子供たちの学校です。友達ができて慣れた頃にお別れの繰り返しです。その土地の習慣や言葉が違うので慣れるのに苦労しました。でも、行く先々の人情に触れたり、その土地の美味しい食材や料理に出会うのは楽しみです。家財や衣類は必要最小限にしてあとは荷ほどきしません、二、三年でまた引っ越しですから」

そう言いながらも、子供たちも独立して家庭を持ち、二〇一八年、今の赴任地福岡での夫との二人暮らしを楽しんでいる様子に見えた。

馬場さんが純子さんと結婚したのは一九八三年、二人が二十四歳のとき。

そして三人の子供たちを育てて、今は八人の孫ができた。

「東京に行ったときは孫の顔を見に行くんですよ」

と、孫の話になるとうれしそうな笑顔になった。一六九センチで七十一キロ。メガネの奥にやさしい目が光っていて、ダークスーツが良く似合うダンディな人である。自身の性格を自己分析してもらった。

「何事にも温厚な性格です」

すかさず妻の純子さんがとなりで、「ええっ」とひと言。これ以上は聞かないことにした。


二〇一二年四月、馬場さんは新潟駅に降り立った。空気が冷たい。東京では桜が開花しているがここではまだ少し先のようである。駅前の大通りをまっすぐに進むと信濃川に架かる万代橋《ばんだいばし》が見えてくる。国の重要文化財であり、一般国道に架かる橋の指定は東京中央区の日本橋に次いで二例目である。橋のすぐ下流からは佐渡へ向かうフェリーが出航している。海が近いので砂地質で湿度が低く夏はカラッとして、冬は雪も少なく、一年を通じて住みやすい町である。東京から新幹線で二時間、人口八十万人のこの政令指定都市新潟が、馬場さんの新しい勤務地となった。

新潟での勤務も一年半ほどが過ぎて、仕事も軌道に乗り、妻と二人での生活にも慣れてきた二〇一三年十一月のある日のこと、業務中に急に腹の具合が悪くなってなかなか収まらない。これはおかしい、と馬場さんはかかりつけの近所の医院で胃カメラを申し込んだ。すると、胃カメラの前に行った血液検査で白血球数に異常な数値が出ていると言われ、すぐに大学病院を受診するよう紹介状を手渡された。この慌て方はただ事ではないなと直感した。翌日、大学病院を訪れると即刻入院となった。入院準備はしていないので純子さんが慌てて用意した。翌日、大腸内視鏡カメラでの検査が始まった。それで、小腸と大腸のつなぎ目のところのリンパ節が腫れて腸閉塞を起こしていることがわかった。緊急を要するとのことで、大腸と小腸の一部を切除することになり、手術は入院の翌々日と決まった。検査や治療計画が手際よく進んでいくのを見て、馬場さんはかえって不安を覚えた。漠然とした、いやな予感がした。手術は無事終えたが、そのときに採取した試料の検査結果が出たので、馬場夫妻はその説明を聞いた。

「悪性のリンパ腫が見つかりました。がんですね」

担当医はやさしい口調で淡々と伝えた。馬場さんも冷静に受け止めた。となりにいる妻の純子さんに向かって、大丈夫だよ、というようにうなずいて見せた。

馬場さんは小学三年生のときに、父親を胃がんで亡くしている。ほかにも家族親戚でがんになった人が何人かおり、とうとう自分のところにもがんがやってきたかと受け止めたのである。がんは生活習慣病と言われているが、遺伝の要素も否定できない、と考えてきた。馬場さんは、このがんは自分に与えられた試練と考えて、自分のためにも妻や家族のためにも何としても乗り越えようと決意したのである。

十二月からすぐに抗がん剤治療が始まった。馬場さんはがんの告知を受けてから主治医に聞いたりネット情報を調べたりして自分の病気についてしっかり勉強した。悪性リンパ腫は、現在判明しているだけでも五十以上の種別がある。そのすべてに治療法が確立しているわけではない。幸いにも馬場さんの悪性リンパ腫は、十年ほど前に開発された抗がん剤が有効であることがわかり、その化学療法を受けることになったのである。

「よかった、治療の道がついた」

思わずつぶやいた。このがんの正式名称は、「びまん性大細胞型B細胞性リンパ腫」。抗がん剤治療は三週間に一回、体力が回復したら再度抗がん剤を投与するといった治療（R－CHOP療法）を合計八回繰り返す、約五か月間の計画が組まれて、いよいよ入院での長い治療が始まった。

妻の純子さんは、ほとんど毎日のように病院に通った。自分も心配であったが、夫も家族がそばにいてくれることが一番気持ちが安らぐはずだ、と思った。季節は真冬である。新潟市は山間部と比べれば雪は少ないとはいえ数十センチは降り積もる。日本海からの冷たい風が吹けば道路はアイスバーンになる。その危険な道路を、純子さんは毎日慎重に慎重に車を運転しながら病院へ通い続けた。夫の顔を見るとほっとした。持参した自分の弁当を広げて一緒に食べる昼食が一日の短い団らんの時間となった。空が晴れて空気が澄んだ日に病院の上層階へ行くと遠くに佐渡が見えた。

「ほら、佐渡が見えるわよ。白いフェリーが向かって行くわね。治療が終わったらあのフェリーに乗って二人で佐渡へ行きましょうよ」

純子さんは、子供のようにはしゃぎながら、長くつらい治療の中で夫が少しでも笑顔になってくれるように楽しい話題を選んで話した。

早く職場に戻りたい、仕事がしたい。馬場さんは入院中も職場復帰をイメージして自主リハビリに励んだ。朝のラジオ体操を日課にして、院内の階段を昇り降りして体力の回復に努めた。同室の先輩患者さんの存在も大きかった。治療が進んだ先の状態を目の前で見ることができるので励みになる。そして、退院していく姿を見て、よし、次は自分の番だ、と気合いを入れた。

予定した治療も順調に進み、退院を目指して社会復帰のための準備が始まった。主治医や病棟の看護師さんからは、長い期間の抗がん剤治療で免疲力が落ちているので、刺身などの生ものは避けること、また日焼けしたら体が黒くなりやすいので仕事はできるだけ内勤が好ましい、などの指導を受けた。そして、馬場さんは五か月に及ぶ入院治療を終えて自宅に帰ってきた。

「退院おめでとう」

自宅で妻が作ってくれた夕食を二人で囲む味は格別に美味しかった。やっぱり自宅の風呂が一番いい。気持ちが温まった。子供や孫たちがお祝いに駆けつけてきた。

「生きてて良かった」

馬場さんは、そうつぶやいて自分の幸せをかみしめた。

純子さんの食生活改革が始まった。病院や栄養士さんの食事指導は、すべての食材をバランスよく、そして一日三十品目の食事を心がけること。

これはその通りだと思う。でも、それだけでいいのだろうか。がんという病気は長年の生活の中から出てきた生活習慣病の一つだ。自宅の食卓にも改善の余地がありそうだ。夫の入院前の体重は八十四キロあった。好きな食べ物は、すし、うなぎ、マンゴー。再発の不安を抱えてのこれからの人生、早く体質改善をしないと。それに腸閉塞予防のためには便秘を防ぐこと。純子さんは、それらを食生活の中で実行した。十キロ減量を定量目標にして、緑黄色野菜中心の食卓にするが、たくさんのお皿を並べて、腹減った、とは言わせない工夫をする。それに加えて、肉を抜く。四つ足は食べない、と決めた。二人とも五十五歳。育ち盛りの子供はいない食卓なので決めたら実行はできるはず。季節の食材を取り入れてその時期の旬をいただく。悲壮感をなくして楽しい食卓作りをする。これが純子さん流夫の体質改造計画である。

こんな小噺がある。

「オレ、食べ物に好き嫌いはない、何でも食べるよ。足が六本、八本、特に四つ足は大好物だ」

「へぇ、四つ足なら何でも食べるのかい。じゃあ、コタツ食えるかい」

「コタツ、いや、あれは食えない」

「どうして」

「あたるものは食わない」

この小噺、〝コタツにあたる〟という表現がわからないと笑えない。今は〝コタツに入る〟と言う。すきま風の入る建て付けでコタツの中に練炭を入れて、家族みんなが足と手を突っ込んでいた古き良き時代の生活を思い出させてくれる残しておきたい小噺である。


職場復帰を果たした馬場さんは、職場スタッフのこの病気への理解もあって仕事の勘も取り戻し始めた。できれば当面避けたかった外勤は、スタッフみんなでカバーしてくれた。総務スタッフが、健康保険の限度額適用認定書の申請手続きや高額療養費払戻し申請など煩雑な事務業務を丁寧に指導してくれたのはありがたかった。復帰後の通院治療や検査には、半日休暇制度を活用した。これは重宝した。仕事を手際よく片づけて午後は病院へ行く。早めに治療が終わった日はそのまま自宅へ直行して風呂に入る。試運転の体には良い気分転換になった。半年間の入院と自宅療養期間は、有給休暇を使用したので減収にならなくて済んだ。過去の繰越や病気療養に備えて積み立てができる休暇制度などを活用した。少人数で運営する事業所である。みんなが少しずつ気遣って少しずつサポートし合うことで、職場のより強い絆が生まれることを、この病気で知った。今度は病気のつらさ苦しさを身をもって知っているものとして、自分が手を差し伸べる番である。

二〇一八年十一月。馬場さんと妻の純子さんは福岡にいた。新潟で悪性リンパ腫を発症して五年が経った。やっと待ち望んだ術後五年を迎えたのである。二つ目のいのちの一つの通過点ではあるが大きな節目である。今、普通の生活が普通にできる幸せを感じている。これからの夢は何ですか、と二人に聞いた。

「自宅をリフォームするんです」

二人から同じ答えが返ってきた。馬場さんは二〇一九年に定年を迎える。一九九七年、二十一年前に千葉に建てた自宅に戻って、これからは引っ越しのない生活をしたい、と。

「僕は、暖かくて地震に強くてずっと住める丈夫な家にしたいんです」

「私は、台所を使いやすくして、それから、ピアノ教室を開きたいの」

これが馬場将彰さんと純子さんが、がんを乗り越えた先に描いた人生のドリームである。それがもうすぐ実現する。

がんの人は人生の先輩

小柄な人である。笑うと本当に楽しそうな笑顔になる。しかし、それは違う、と思ったときは相手が目上であろうが上司であろうが物おじしないではっきりとものを言う。決断と行動が早い。この人のどこからそんなエネルギーが湧き出てくるのだろうか。

川名《かわな》典子《のりこ》さん。医療とくに看護の分野では有名な看護師さんである。川名さんの講演会やセミナーはいつも満席になった。がんの人や看護師さんたちに強い情熱で心のケアを語り続けてきた。そして、二〇一七年に東京の大学病院を定年退職した。長年両肩にのしかかった重い責任という荷物を下ろして、今は身軽な立場で後輩たちの相談に乗っている。髪型はウェーブヘア。現役時の颯爽としたショートヘアとイメージがずいぶんと変わった。

「解放された象徴です」

リエゾンナースとして、自分の信じる道を歩き続けてきた川名さんが、笑顔で語ってくれたこの言葉が輝いて見えた。

一九七六年、看護大学を卒業してすぐに系列の病院に就職した。二十七歳で主任になり、三十歳で看護師長に就いた。日々患者さんと接する中で、看護の仕方に疑問と物足りなさと感じるようになった。自分の思いはセオリーと相容れないのだろうか、そんなはずはない。そこで、看護理論をしっかりと身に着けたい、と大学院で看護学を学ぶことにした。現場を知ったうえでの研究である。理論と実践の相対比較となって理解できて吸収されていく。そして、ここでリエゾン精神看護学に出会うのである。川名さんが生涯をささげることになった看護の原点である。

「これだ」

思わず叫んでいた。自分の漠然とした疑問と物足りなさは間違っていなかった。興奮が冷めやらず、その衝撃に涙が溢れた。

リエゾン精神看護とは、次のような考え方である。

医学や医療技術の進歩でたくさんの命が助かるようになった。その代償として、患者は治療のつらい後遺症を抱えながらその後の人生を生きることになる。がん治療もその一つである。医療の現場は、高度な技術による身体治療と、心をいやす精神治療が必要であり、後者は精神科医だけでなく、人と人のコミュニケーションが重要な役割を果たし、それを主として担うのが看護師である。従来、体の治療と看護に重点が置かれてきたが、心のケアに焦点を当てた精神看護が必要である。その対象は、患者だけでなく、患者をケアする看護師もその範囲に入る。リエゾン精神看護は、各専門部署の間に立って、対象者の最適な心のケアを進めていく役割を担う、というものである。リエゾンとは、連携、橋渡し、を意味するフランス語である。

川名さんは大学院でこのテーマにのめり込んだ。高度な医療技術が急速に進んだ結果、次に病院で必要なのは、患者さんの心のケアである。それは、患者さんが持つ治療への不安、不満、不眠、せん妄と言った目先の問題だけでなく、これからの人生への漠然とした強い不安へのサポートである。

大学院でリエゾン精神看護学を学び卒業して病院に戻った川名さんは、

集中治療室の看護師長となった。大きな手術直後で状態が不安定な患者さんや重篤な状況に陥った患者さんを二十四時間体制で治療と看護を行う、生命に直結した部署である。一刻の気のゆるみも許されない。そして、患者さんには少しでも早く生命の危機から脱してこの治療室を卒業してもらいたい。そのために、患者さんには普通の生活への意欲や生きる希望を持ってもらうことが大切であり、そう感じられるやさしい場所にしたいと、川名さんは治療室運営での三つの改善を提案した。

一つは、夜には部屋の電灯を消すこと。動けず食べられず状態の患者さんに昼夜の区別をつけて心身のリズムを持ってほしい。二つ目は、家族との面会時間の厳しい制限をなくすこと。家族の声を聞いたり顔を見ることで生きる希望を引き出したい。三つ目は、それらを実現するための厳しい感染予防対策をとること。これらの提案はすべて承認されて実行に移された。患者さんの心のケアを大切にしたいという川名さんの強い思いがカタチになって実現したのである。

一九九四年、四十歳のとき、院内にがん患者さんを支援するサポートグループを看護師の仲間とともに立ち上げた。がんの人や家族が治療や生活や生き方などを自由に話し合う、医療者はその場所と時間を提供して運営を手伝う。まさにがん患者が主役の会である。がんの人同士が話し合うことで本音が出る。仲間の話を聞くことでエネルギーをもらう。人とつながることで生きていることを実感できる。スタッフはみんな業務時間外で参加する。患者さんたちが主役になって自らの意志で話すことで生き生きとして輝いてくる。笑顔や笑い声が出るようになる。ときには病院や医師への苦情も出てくる。がんを背負って生きることを本音で話せる場。与えてもらうだけではなく、自ら動き出すこと。これが心のケアの柱の一つである。川名さん自身もこのサポートグループからたくさんのエネルギーと元気をもらったのである。

がんの人が自分の力で元気になっていく。川名さんは、このサポートグループの運営によって、リエゾン精神看護の力を体感した。この考え方をもっと広くもっと深く知りたくなった。海外ではこのことへの取り組みが大きく進んでいる。アメリカが世界をリードしていた。川名さんの決断と行動は早い。アメリカへの留学を病院へ申し出た。その情熱は許可された。そして、その最先端であるカリフォルニア大学でリエゾン精神看護学を学ぶことになったのである。そして帰国後、川名さんはリエゾンナースとして、院内で心のケアの重要性を説き、がんの患者さんと看護師のコミュニケーションのあり方など実践教育とコンサルテーションをスタートさせたのである。

二〇〇五年、五十一歳。川名さんの仕事は多岐に渡っていた。精神看護の責任業務や組織の管理業務に加えて院内の制度改革や自らの学位論文をかかえて無理を重ねる日々が続いていた。そんな矢先、毎年院内で受診している健康診断で胸に異常が見つかった。精密検査をした結果、左胸にがんが見つかったのである。ステージはⅠ期であったが脈管系への浸潤が疑われていた。すぐに全摘出術と同時再建術を受けて、術後はホルモン療法を続けた。

告知されたときは、落ち着いて冷静に受け止めたが、二週間ほど経った頃から、突然再発転移の不安に襲われるようになった。ホルモン療法の影響で更年期症状が強くなり、不眠やいら立ちがひどくなり精神的に不安定な状況が長く続いた。医療者としてたくさんの症例に接していても、自分に起こる変調はなかなかうまく制御できないものである。

入院治療と自宅療養で一か月休養した。職場復帰して少しずつ体と気持ちを慣らしながら業務に戻っていった。麻酔の後遺症で疲労感がなかなか抜けないのには困ったが、周囲や上司も気遣ってくれた。しかし、一年が経った頃には、早朝会議や委員会や夜勤などの指示が出て業務量は手術前よりも増大していた。がんは治ったのだからもう配慮は要らないでしょ、と言われているように感じた。特に増えたのが管理業務や事務業務で、川名さんが苦手とする分野であり、自分がやりたい現場の仕事からはだんだん遠のくような予感がしたのである。

そんな矢先である。自宅から遠くない大学病院で、リエゾン精神看護師を募集しているという情報が耳に入った。詳しく話を聞いてみた。

「がん患者のサポートグループもやっていいです、看護師をサポートしてほしい、何でもやってください」

ということだった。自分のやりたい仕事と場所がここにあると直感した。自宅から近いので、両親のケアに時間がとれるようになることも、生活面での大きな利点だった。しかし、今の病院は自分を若いときからずっと育ててくれた、やりたいことをやらせてくれた。自分をここまで育ててくれたのはこの病院である。強い恩義がある。迷った、苦しんだ、そして悩み抜いた。五十四歳。看護の原点であり看護の基軸と信じて実践してきたリエゾン精神看護を、自分の仕事人生の集大成としてこの新しい職場で展開しよう、それが今の病院への恩返しでもある。川名さんは転職を決意した。そして、着任は二〇〇八年四月と決まった。

川名さんの頭の中には、新しい職場での心のケア構想が大きく広がり始めた。ところが、である。着任を目前に控えた二月、乳がん術後三年の定期検査で骨転移が見つかったのである。術後急に不安になった転移のことをすっかり忘れていた。治療はどうなるだろうか。それよりも、新しい職場には大きな迷惑をかけることになってしまった。すぐに事情説明に行く必要がある。就職取消か当面自宅待機か非常勤。世間での厳しい、しかしごく当たり前の対応を覚悟した。ところが看護部長から返ってきたのは意外な言葉だった。

「なぁんだ、そんなことで悩んでたの。病気ごと引き受けるから予定通りいらっしゃい」

感激のあまり、声が出ない。涙が溢れ出て止まらなかった。人を診る、という本当の意味が今やっとわかったような気がした。

がんの骨転移がわかってからは、週一回の抗がん剤治療が始まった。川名さんはこのとき初めて死を覚悟した。先が見えたのである。自分は定年まで生きられない、と直感した。一人になるとその不安が増幅する。そして、自分の人生と時間を大切に気持ちよく過ごしたい、と考えた。業務は誠実に手際よくやる。そして、早出はするが残業はしない、と決めた。すると、なぜか寛容になって、怒ったりイライラしたりしなくなったのである。

大学病院に転職して、すぐに手掛けたのが、がん患者さん支援のサポートグループである。すでにノウハウと実績と手ごたえがある。しかし、その感触が前の病院とは少し違っていた。

「えっ、川名さんもがんですか。看護師さんもがんになるんですか」

「わたしだってがんになりますよ、二人に一人だもの。しかも骨転移も持ってますよ、すごいでしょ」

このことで急に親しくなって、特権階級の仲間に入れてもらった。そのあとは、話題が噴水のように湧き出てきて会話が弾んだ。やっぱり、がんのつらさや苦しさはがんの人同士でないとわからない、と実感した。しかし、周りの人はそのことをわかろうと努力をしてほしい。
川名さんは言う。がんの人というのは、かわいそうでみじめな存在ではなく、人生の先輩だ。死に直面するという一歩先の経験をしているのである。生きているだけで価値があるのだから、その人生に自信と誇りを持ってほしい。やりたくないこと、意に反することはしない、好きで楽しいことをやろうよ。そして、このがんの経験を聞いてくれる人たちに伝えていきたい。これが川名さんの強い思いである。

二〇一八年に川名さんは母を見送った。八十六歳であった。新しい職場に転職した二〇〇八年からは両親のケアにも時間がとれるようになり、長年看護師をしてきた川名さんにとっては、これも人間的な生活だと実感した。

小さな頃から厳しい母だった。ほめられた記憶がない。もう少しやさしくしてほしかった。母の晩年の一年半、川名さんの時間は、仕事三、介護七であった。激しい親子げんかをよくしたけれど、このプロセスは自分と母とが近づくためには必要不可欠なものだった、これがなければ和解できなかった、幸せな時間だった、と川名さんは振り返った。そして、最後にこんな独り言を言ってくれた。

お母さん、生まれ変わったら、また親子で、今度はもっとうまくやろうね。

第四章

古典落語に学ぶ本音で生きる人生

古典落語と呼ばれる噺の数は東西合わせて五百を超えると言われている。ただその半分ほどは上演する人がいないので埋もれたままである。では、なぜ上演しないのか、それは面白くないからである。落語の最大の使命は聞いて笑えることである。だから、時の名人は暗くて面白くない噺を自分流に演出して爆笑落語に変えて残してきた。古今亭志ん生の『火焔太鼓』や『黄金餅』、桂米朝の『はてなの茶碗』や『代書』などはその代表例であろう。

そして、古典落語のもう一つの使命が、聞く人の人生を豊かにしてくれることである。長年かけて無駄な言葉をそぎ落として絶妙な表現や言い回しで生き方指南をしてくれる。こんな風に生きたら楽しいだろうな、と思わせてくれるのである。速記本を読むだけでもそれが十分に伝わってくる。

俳人久保田万太郎をして「古典落語は純文学だ」と言わしめた。夏目漱石は小説『三四郎』の中で、「彼（三代目柳家小さん）と時を同じくして生きている我々は大変仕合わせである」と書いている。

私は生きるはずがないというがんに出会って、長く続く先が見えない治療や大きな後遺症で職場復帰の目処が立たない中で、焦燥感と絶望感で人生のどん底を味わっていた。そんなときに落語の笑いにずいぶん救われた。クスグリやオチだけでなく、言い得て妙な表現や主人公の天真爛漫で楽しく本音で生きる生き方に笑って感動した。そんな生き方もあるのか、こっちのほうが楽しいな、と。今までなら見向きもしなかったことに急に強い価値観と憧れを感じるのである。この章で紹介する古典落語は、私がつらく苦しいときに生きる希望と勇気を与えてくれた噺である。今でも二つ目のいのちの羅針盤として大切にしている選りすぐりの四席を取り上げた。

口惜しくて、くやしくて

『心眼』という古典落語がある。昭和の名人と謳われた八代目桂文楽が得意とするネタの一つである。つらいことを正直に口にできる勇気と、失ったからこそ見えてくる大切なものを気づかせてくれる落語である。

長身でかっこよくてやさしくて誰にも好かれている梅喜《ばいき》さん。ただ目が不自由なため按摩を仕事にして、浅草で女房のお竹と二人で細々と暮らしている。ある日の夕方、梅喜がひどく疲れた様子で帰ってきた。今日も仕事がなかったという。しかし、全身に精気がない。

「お前さん、何かあったね」

女房の鋭いひと言に、梅喜はこらえ切れずに泣き出した。両親を早くに亡くした梅喜は親代わりになって、小さな弟の世話をしながら兄弟二人で生きてきた。今日その弟に、一生に一度だけの兄の頼みを聞いてくれ、と頭を下げて借金を頼みに行ったという。ところが、弟は目が不自由な自分を蔑《さげす》み、一度だけの頼みで終わるはずがない、と足蹴にされて追い払われたという。

「口惜して、くやしくて」

弟の家の軒先で首をつって死んでやろうと考えたが、親身になって世話をしてくれる女房のことを思うとそれもできずに帰ってきたという。

「この目が見えたらなぁ」

「人間その気になったら何だってできるよ、これから二人で茅場町のお薬師様に願かけしよう、どうか片目だけでも開けてください、って。あたしゃ、自分の寿命を縮めてでもあんたのために信心するよ」

翌日から三七《さんしち》、二十一日、夫婦でお薬師様に願かけ日参して、そして満願の日。何の変化も起こらない、やっぱりダメかぁ。やけになって仲見世を歩いていると得意先の上総屋の旦那とばったり出くわした。

「おい、梅喜さん。あんた目ぇ、見えてンじゃないかい」

梅喜が人混みを上手によけてスイスイ歩く姿を見て上総屋《かずさや》が言った。

本当だ、目が開いた。見える、見えるよ。喜んだ梅喜は、お薬師様や女房の恩も忘れて有頂天になった。仲見世をさらに進むと、今度はこれも上得意先である美人芸者に声をかけられた。お互いに様子のいい男と女。意気投合してそのあとは自然の成り行きで。（著者注：本著は未成年者も読者層のため、これ以上は書けません。興味のある方はCDまたはネットでどうぞ。）

上総屋から連絡を受けたお竹が血相変えて乗り込んで梅喜を締め上げる。

「お竹、苦しいよ、許してくれ」

そのとき、梅喜は目が覚めた。

「お前さん、どうしたんだい、ずいぶんうなされてたよ」

「あぁ、夢か。目が見えねぇって不思議なもんだ、寝ている間はよぉーく見える」

落語『心眼』。誰もが持っている人間の業《ごう》を赤裸々に描いた秀逸な作品である。長い人生を生きる中で、ギリギリのところに追い込まれたら本音が出る。精神的な余裕がなくなればきれいごとでは済まない。梅喜さんを苦しめたのは、長く続く金のない貧乏暮らしではなく、小さい頃からお互いに寄り添って生きてきたたった一人の弟から自分のプライドをズタズタに切り裂かれたことである。それを梅喜さんがひと言で言う。

「口惜しくて、くやしくて」。

このひと言がこの落語の結論である。自分が受けた扱いを認めたくはないが、だからといって解決策も見い出せず、その持って行き場のないいら立ちから出た言葉である。言いたくはないがこれが正直な気持ちである。そして、口に出すには勇気がいる言葉でもある。私はこの一節を文字にするとき、使用する漢字とひらがなとの組み合わせやその順番も強いこだわりをもって上記のように表記している。

この落語、以前は弟からもっと激しくひどい言葉で罵《ののし》られていた。それをお竹に独白する梅喜さんの言葉は苦渋に満ちていた。桂文楽の鬼気迫る表情には鳥肌が立ったものである。ところが最近は差別用語の使用規制が進んでこの種の言葉や表現が使えなくなってテレビや書籍や上演から消えていったのである。だから速記や解説も回りくどくて理屈っぽくて説得力も弱くなりがちである。

がんに出会った人からよく聞く言葉がある。「がんに感謝です」、「がんになって良かった」、「がんになったから今の幸せがあります」、「がんよ、ありがとう」。気がつけばいつからか私もそう言っていた。がんに感謝、そんなはずがないだろう、自分をカッコよく見せようとして無理してるんじゃないの。確かに一足飛びの結論だけだとそう感じられても仕方がない。だから、これにはしっかりとした説明が必要であり、この域に達するまでには誰もが長い道のりとたくさんの涙を経てきているのである。

「がんですか、そうですか」

これが、私が医師からがんを告知されたときの言葉だった。自分でも意外なほど冷静だった。早く治療して早く仕事に戻りたい、という気持ちが強かった。四十三歳。新規事業の立ち上げをたくさんのスタッフとともに、その先頭に立って進めていた矢先のことである。ところが、ことはそれほど簡単ではなかった。がんの組織診断の結果、肺小細胞がんと判明した。増殖と転移が早い悪質ながんである。生存率も低い。ここで、今まで描いていた人生の青写真がもろくも崩れ落ちた。

もうこの病室から外へ出られないのか、家へ帰れないのか、職場に戻れないのか。順風満帆な私の人生をこのがんは一瞬にして奪い去っていくのか。私がどんな悪いことをしたというのだ、世の中に悪いやつはたくさんいるのに何で私が先なのか。神様はいったいどこを見てるんだろう、いや、神様って本当にいるのか。神様にまで悪態をつく始末である。もう手がつけられない。それにしても、何で今。

口惜しくて、くやしくて。

くやしい、というこの気持ちが二つ目のいのちへのスタートである。ここから始まるのである。そして、再発や転移の不安を背負って毎日を暮らす。会社を休職して治療費がかさんで蓄えも底を突く。〝金の切れ目がいのちの切れ目〟という言葉を身をもって感じる。手術で患部を取り去った不都合や薬の副作用で普通のことが普通にできなくなる。たくさんいた友達も本当のことを話せず理解もしてもらえずに一人減り二人去っていく。がんによってなくなったものはどんなに努力をしてももう戻ってこないことを知るのである。

一方で新たな発見や経験もある。家族がいつも見守って支えてくれるありがたさを知る。同じつらさや苦しさを持つがんの仲間との連帯感で心が豊かになる。理屈よりも、これ好き、嫌い、きれい、美味しい、という直感で得る感動や感激を大切にする。楽しくなれることや笑えることをたくさん用意するようになる。損得や勝ち負けから離れた世界が広がって同じ志向の友人たちと出会う。

こうして広がった二つ目のいのちは、つらくて苦しい思いの上に成り立っている。その経験を経て素直に笑えたときに思わず、「ありがとう、がんのおかげです」という言葉が自然に口に出るのである。これは、人生に脂が乗り切って仕事が面白くなってきたときに突然にがんを告知されて、最初に心で叫んだ「口惜しくて、くやしくて」という思いがあるから実現したものである。あのときの気持ちを決して忘れてはいけない。つらく苦しくなったときは、この「口惜しくて、くやしくて」という原点に戻ってくればよいのである。この言葉とあのときの気持ちを忘れてはいけない。それを落語『心眼』が教えてくれるのである。

不器用な生き方のススメ

古典落語には酒にまつわる噺が多い。素面《しらふ》だと照れくさかったり喧嘩《けんか》になりかねないようなことでも、酒が入れば笑って収まることもある。取り返しのつく環境を作っておいて、主人公に本音をしゃべらせているのである。酒というのは便利な道具で、都合が悪くなったら、覚えてない、と言えば大概は済まされる。酒は人間だけに与えられた〝別世界に行ける飛び道具〟であり、それだけに使い方を誤れば失敗も多い。

「酒は百薬の長と申しますが、一方で命をば削るカンナとも申します」。

酒を扱う落語のマクラでは必ず出てくるお決まりの一節である。

酒を扱った落語の中の有名なセリフをあげてみる。

『禁酒関所』
「ここから先は酒を持って入っては相成らん。これ町人、その壺には何が入っておる。なに、水カステラじゃと。うそ偽りがないか、拙者が飲んで調べてみる。なるほど、これは久しぶりの水カステラじゃ。この不届き者めがぁ」

お得意先である侍の屋敷に、ご法度となった酒を工夫して届けるよう依頼された酒屋の丁稚《でっち》たちが、知恵を絞って酒を持ち込もうとするがすべて見破られて門番役人に飲まれてしまう。そこで、最後に若い丁稚が仕掛けたウラ技がある。発想の転換による奇想天外な結末に向かって、聞く人を涙が出るほどの大爆笑に誘う。現代の組織運営でも通用するノウハウが秘められた落語である。

『親子酒』

親父と息子。二人とも負けず劣らずの大酒飲みである。今日もフラフラでご帰還の親父さん。

「せがれは今日もまだ帰ってないのか。若い者が毎晩飲み歩いて体を壊したらどうする、今日は帰ってきたらみっちり小言を言ってやる」

そう言いながら、寝ついてしまう。そのあとに息子が酩酊状態で帰ってきた。

「また親父は酔いつぶれてるな。年寄りが毎晩酒ばかり飲んで体を壊したらどうする。今日は親父にみっちり意見をしてやる」

息子の大きな声で親父さんが目を覚ました。

「やい、せがれ。お前のように頭が三つも四つもある化け物にはこの家は譲れん」

「上等じゃないの。オイラだって、こんな天井がグルグル回る家、要らないよ」

親子、特に親父と息子というのは何かにつけて衝突する。お互いに遠慮がないので、これ以上は言うまい、という限界がない。また実の親子だからめったなことで縁が切れることはないという安心感がある。それからもうひとつ。親父と息子というのは面と向かって話がしにくいものである。息子は母には何のてらいもなく何でも話せるのに親父となるとそうはいかない。そこで酒の力を借りることになる、結構めんどくさい関係である。

私の父は漫才や落語などの演芸が好きで、私が幼少の頃からよく寄席に連れて行ってくれた。大阪道頓堀の角座、難波花月、神戸新開地演芸場。そこで、笑福亭松鶴、ダイマルラケット、かしまし娘など当代一の本物の芸をナマで聞いて肌で感じた。これが今の自分の大きな財産になっている。

私が肺がんを告知されたのが一九九六年一月、今にも雪が降りそうな寒い日だった。その翌日の昼過ぎ、病室に突然父が現れた。朝一番の新幹線で姫路を発って東京にやって来たという。昨夜妻が電話で伝えたらしい。父はわざわざ遠くからやってきたのに何を話すでもなく、うん、そうか、とうなずくだけ。普段から言葉少ない父である。進学、就職、結婚という人生節目のときもそうだった。

「お前が決めた道ならそれでいい」

いつも追認してくれた。就職のときは一人息子を手元に置こうとせず、東京で世界を相手に存分に仕事をしてこい、と送り出してくれた。その息子が四十三歳の人生志半ばで厳しいがんに倒れたことを知って駆けつけてきたのである。父と息子の会話はほとんどなく、父は、うん、そうか、を繰り返すだけ。そして、父が帰り際に立ち上がって言った。
「風邪、ひくなよ」

二〇一六年、父が九十歳のとき。ちょっとした不注意で右足を骨折した。医師は、患部が大腿骨の付け根に近く接合手術が難しい、最悪は右足切断を覚悟してほしい、という。麻酔から覚めたら片足がなくなっていたというのはつらい、五体満足で人生を全うさせてほしい、と家族の強い気持ちを伝えて手術室へ見送った。三時間後に父は両足がそろって病室に帰ってきた。ほっとした。しかし九十歳を過ぎてからの骨折は回復が遅い。振り返って数えてみると、介護のために妻と交替で東京と姫路を十六回往復していた。

その父が入院中に肺炎を併発して高熱が続いた。慌てて病院へ駆けつけたこともある。そして、「今夜がヤマです」も乗り越えた。病状が落ち着いたので帰ろうと病室のドアに向かうと、眠っているはずの父が小さな声で呼ぶ。「どうしたの」と聞き返すと、まだ熱の下がりきらないモーローとした体で絞り出すような小さな声でひと言。

「風邪、ひくなよ」

『替わり目』

「外は外、うちはうち、女房のお酌じゃ味気ないでしょうけど、寝酒にひとつどうですか」

「じゃあ、いただきます」

「何言ってんのよ」

毎晩酔って遅く帰ってくる亭主が、早く寝つかせたいしっかりものの女房に反抗する。

「寝酒にうちのお酒も一杯どうですか、と女房に笑顔で言われたら、遠慮してすぐに寝るからそのセリフを言ってみろ」

そのあとの夫婦の会話がこれである。


この酔っ払い亭主、女房に執拗に食い下がって熱燗一本をつけてもらったがサカナがない、深夜のことで火も落としてしまった。仕方なく女房は屋台のおでん屋に鍋を持って出かけようとする。

そして、亭主の独り言が始まった。

「毎晩酔っぱらって帰ってくる亭主に、愛想もつかさず面倒を見てくれる、あんなできた女房はいないよ、ありがたいね。稼ぎも少ないのに、好きな酒をやめろとも言わず家計をやり繰りしてくれて、オレには過ぎた女房だよ。口では文句ばっかり言ってるけど、心の中ではいつも手を合わせて、ありがとうって感謝してんだよ。ええっ、まだいたのかい、行ってなかったの。何ニヤニヤ笑ってんだよ」

舞台裏をみんな聞かれてしまった。もうこれからは女房に頭が上がらない。この後は、女房がおでん屋に買い出しに行ってる間に、通りがかった夜鳴きうどん屋を呼び込んでうどんの釜で酒の燗をさせる。それを知った女房に叱られて一気にオチにつなげるのであるが、この噺の圧巻は何といっても、酔っ払い亭主が本音を語る独り言である。

長年連れ添った女房に面と向かって素面で素直に、ありがとう、と言えない。俺が言ってんじゃないよ、酒が言わせてんだよ、とどこまでも言い訳や逃げ道の設定が必要なのである。外でいくら偉そうなことを言っても大きな仕事をしても、毎日ご飯を作ってくれるカミさんにはかなわない。

長い人生でたくさんの困難を乗り越えてきた男という生き物が、安心して気持ちを開放できるのは女房だけなのである。ところが、その表現の仕方がわからない。そこで外での理屈を持ち込む。仕事への取り組みと同じ一分の隙もない論理的なものの考え方で家事に口を出して結論を押しつけようとする。カミさんが一番きらうやり方である。そして、しゃべらない、家の中で笑顔も愛想もない。年配の夫婦が外食店でランチをしている風景を見ても、相席者かと思うほど会話がない。奥さんが話しかけても夫は黙々とビールを飲みながら無表情でうなずくだけ。友達とランチするほうがよっぽど楽しいわ、という世の奥様方の気持ちもわかるような気がする。

私は自宅の食卓でカミさんからよく言われる。

「この煮物、今日は味を少し薄くしたんだけど、どうだった」

「うん」

「美味しかったの」

「うん」

「うん、じゃわかんないでしょ」

「はい」

「お茶、どうぞ」

「はい」

「ありがとう、でしょ」

「アリガト」

「横向いて言わないで、顔見て言ってくださいね」

　おかげさまで、最近は〝アリガト〟がずいぶん上手に言えるようになった。


「ご飯できたわよ」

うちのワンちゃんがしっぽを振って飛んで行った。どっちに言っているのかわからない。

「ワンちゃんは一回で来るのに、あなたはどうして来れないの」

犬と同列の扱いなのである。素直になれるにはまだしばらくは時間がかかりそうだ。


ありがとう、をカミさんの目を見て言えない『替わり目』の酔っ払い亭主と私。がんばれよ、と息子に言えない父。みんな生き方が不器用である。男というものは、と大雑把に総括するつもりはない。もっと上手に如才なく振舞えたらもっと楽に生きられるはずなのに、わかっていてもそれができない。作らなくてもいい敵を作ってしまう。ひと言説明すれば相手に伝わって解決できることなのにそれができない。いじらしいほどに不器用な生き方である。

しかし、がんに出会ったとき、この不器用な生き方が生きてくる。長年かけて作った病気である。そのがん体質が体にしみついている。食べ物や考え方を見直して、こうと決めたら価値観の振り子を百八十度振って徹底して実行する。中途半端なことはやらないほうがよい。徐々に、とか少しずつ、なんていうきれいごとはあとで後悔する。自分が決めたことを持ち前の不器用さで愚直なまでに実行する。目的と手段を区別して軸足をぶらさない。不器用さ、というフィルターが体質改善の鉄則を見事なまでに支えてくれるのである。

発想を変える

『三軒長屋』という古典落語がある。最後にはアッと驚くどんでん返しのオチが用意されている。こんな噺である。

江戸時代、三軒長屋、四軒長屋という住居があった。というより、一つの家を三つや四つに区切った、というほうがわかりやすい。ここにあった三軒長屋、とっつきが剣術指南の先生、奥が鳶《とび》の頭《かしら》、真ん中が大店旦那の愛人さん、という異色の組み合わせとなっている。

鳶の頭の家では、大勢の気の荒い若い衆が年中出入りして、昼間から酒を飲んでは、表へ出ろ、さあ殺せ、といつ血の雨が降るかと物騒なことこの上ない。一方、剣術の先生、看板は「一刀流指南　楠運平橘正国」。名前は、くすのきうんぺいたちばなのまさくに、と読む。怪しげな先生である。しかし気位は高い。朝から晩まで大勢の門弟が剣術のけいこに明け暮れている。お面ん、お胴ぅ、お小手ぇ、と絶叫する怒声と家の揺れが夜中まで続く。たまらないのが真ん中に住む愛人さん。両隣の毎日のこの騒ぎに夜も眠れず気のぼせ気味である。もう我慢も限界でここを引っ越したい、と旦那に相談した。旦那は表通りで手広く商いを営む金貸しの伊勢屋勘右衛門、人呼んでヤカン頭のイセカン。

「もう少し辛抱しておくれ。実はこの長屋は家質に取ってある。質が流れたらこの長屋は私のものになるんだ。そうなれば、鳶の頭も剣術の先生も追い出して、一軒の長屋に改装してお前に静かにゆっくり住まわせてあげる。だからもう少し辛抱しておくれ」

ヤカン頭のどこからこんなやさしい言葉が出てくるのか、やはり金を持つ者の強みと余裕である。ところが、このことを愛人の女中が聞いていて、うれしさのあまり井戸端で頭のカミさんにみんなしゃべってしまった。それを知って怒り狂った頭と先生が一計を案じる。

剣術先生がイセカンを訪ねた。

「近頃道場が手狭になったゆえ引っ越しをしたいが、その引っ越し費用がない。そこで、費用捻出のため千本試合をいたすことにした。熱が入ってくると木刀では飽き足らず真剣を持ち出すものも出てくる。そのときは、首の二、三個、腕の五、六本、お宅に飛び込むこともあろうがご容赦願いたい」

冗談言っちゃいけない。そんな物騒な話、はいわかりました、とは言えない。その引っ越し費用、いくらあれば千本試合をやめられるかと聞くと、五十両。その五十両を手渡すと、剣術先生は喜んで帰って行った。

先生と入れ替わりにやってきたのが鳶の頭。

「鳶の若い衆の出入りが多くなって手狭になったので引っ越したいんですがね、そのゼニがねぇんですよ。そこで賭場を開いてその費用を工面することにしたんで。けど、血の気の多い若い連中ばっかりでさぁ、そのうち包丁を持って刺し合いにでもなった日にゃ、首の五つや六つ、足の十や二十」

「頭、もういいよ。よくわかったよ」

で、いくらあれば賭場をやめられるんだ、と聞くと五十両。そこで、五十両渡して、静かに引っ越しとくれ、とイセカンが頭に頼んだ。

「ところで頭。剣術の先生も引っ越すからと五十両持ってったけど、お前さん、どこへ越すんだい」

「へぃ、あっしが先生のところへ、先生があっしのところへ」

えっ、あっ、と驚いて、家に帰ってから、なるほど、とうなるオチである。連続する緊張感がほっと解き放たれる瞬間でもある。私たちは、引っ越しと言えば遠くの場所だと勝手に思い込んでいる。その意識の隙を突いたオチである。今までの既成概念を当たり前とせず、自由な発想や逆の発想でものを見ることで新しい道が開けてくる。がんに出会ってこれから先どう生きようか、と悩むときにこの発想が生きてくる。

発想を変える、というのは今まで当たり前として信じて疑わなかったことを、本当にそうか、それでいいのか、と疑ってみることから始まる。二〇一八年に、がんの免疫療法研究でノーベル医学生理学賞を受賞した本庶佑さん（京都大学名誉教授）は、自分で実験をして得られた結果しか信用しない、その繰り返しの研究であった、と述懐している。二〇一二年に、iPS細胞研究でノーベル医学生理学賞を受賞した山中伸弥さん（京都大学教授）も、講義では教科書や常識を信じるな、そして私の言うことを信じるなと、学生にいつも言っている、という。

こんな小噺がある。おばあちゃんと五、六歳のお孫さんの会話である。

「おばあちゃん、このおもちカビが生えちゃったんだけど、おもちってどうしてカビが生えるの」

「あんたが早く食べないからだよ」

笑う前に先にアゴが前に出て、オォーというようなり声が聞こえてくる小噺である。そして、なるほどと納得する。これ、人生を経たおばあちゃんだから強い説得力がある。若いお母さんならこうはいかない。

「このお餅には防腐剤が入ってない、という証明なのよ」
となる。確かに理屈はそうだろうけど、おもしろくはない。早く食べないからだよ、とひと言で片づけたおばあちゃんのほうがはるかに輝いている。その言葉に豊かな人生を感じるのである。楽しいことやうれしいことよりもつらいことや苦しいことのほうが多かっただろうけど、それを乗り越えてきた清々しい笑顔が見えてくる。その根底には、人生を理屈ではなく直感で生きる、という強い信念がある。直感とは、その人が長年生きてきた人生の集大成から出てくる答えである。なぜ、と聞かれても説明ができないだけである。

がんを背負って生きるときに、判断に困るたくさんの分岐点がやってくる。そこでは即座の判断が必要で後戻りができない。例えば、治療の選択や職場復帰の選択を迫られたとき、どんな判断基準で自分の人生を決めるのか、ということである。日頃の仕事で培った理屈を積み重ねていくと、一つが崩れたらすべてが崩壊する。一方、発想を変えて、どっちの道が自分と家族が笑顔になれるか、と考えて『もちカビ』の発想を加味したら答えはすぐに出てくる。そして、応用問題も簡単に解ける、しかも、自分が決めたのだから決して後悔しないのである。

楽しく生きる

『代書屋』という落語がある。東京でも大阪でも演じられるが、元は先代の四代目桂米團治が昭和十年代に創作した上方落語である。自身が副業として代書屋を営んでおり、その事務所で実際にあった話を元にしている。昭和四十年代までは車の運転免許センターの周辺には、この看板を出した事務所が軒を並べていた。現在は、行政書士という国家資格となって業容も遺言相続から会社設立や外国人帰化申請など幅広くなって、まちの法律相談家として重要度と信頼度が増している。

昭和の新作とはいえ、東西の名人上手が十八番《おはこ》として頻繁に高座に掛けられた演目であり噺の型とストーリーも確立しており、古典落語として安心して聴ける噺で、とにかく爆笑の連続である。こんな人生を生きたいなぁ、と思わせてくれる主人公である。


「お宅、代書屋でっか。書いてもらえますか、ジレキショ」

「履歴書ですか、書かせてもらいます。どこかへ就職するんですか」

「いえ、そんなことはしまへん。ちょっと勤めにいきますんで」

「まず、生年月日をどうぞ」

「生年月日、あのぉ、そういうもんは確か、なかった」

「ないはずがない、あんたの生まれた年月を聞いてます」

「そんなこと言うたら年齢《とし》がバレる」

「次に現住所、言うてもわからしまへんやろ。あんたが今住んでるところは」

「大阪の日本橋《にっぽんばし》」

「なるほど。大阪市浪速区日本橋、と」

「名前は」

「たなかひこじろう、といいまんねん、ちょっとエエ名前で」

「じ、というは次《つ》ぐという字ですか、治《おさ》めるのほうですか」

「それはどっちでも、あんたにお任せします」

「学歴ですが、いえあんたが出た学校は」

「尋常という小学校を二年で卒業」

「二年だけですか。それやったら本籍地内小学校を中途退学、と」

「中途退学やなんて、かっこよろしいなぁ」

「それから職歴、ええっと、あんたが今までやってきた仕事、全部言うてもらいます」

「全部言うんですか、それは難儀やなぁ。最初にやったんがご大典の提灯行列の明けの年で、場所がたしか玉造の駅前ですわ。友達がともえ焼の機械が空いてるからやらへんかと。ところがその機械がえらい緑青《ろくしょう》吹いてサビついてまして、ペーパー買うてきてサビ落とすのに丸二日かかりまして」

「そんなことまで言わいでよろし。で、それいつまでやりましたか」

「あっ、これね。家賃が高いんで結局やらずですわ」

「実際にやった仕事を言いなはれ。もう書いてしもたがな。一行抹消。判を貸しなはれ、消印がいるんです」

「その年の十二月。これはほんまにやったたん。場所は一、六が平野町で、二、七が上町で」

「何です、その一六二七って。あぁ、夜店出しですか、それは場所は要りません。露店営業人として、と。で、これはいつまでやったんですか」

「十二月でっしゃろ、北風は強うて寒いし人は通らへんしで、もう二時間でやめたん」

「あんた、どない言うたらわかりますの。思ただけとか二時間でやめたとか、どうでもよろしい。一行抹消。判を貸しなはれ。あんたがそれでご飯を食べてたというほんまの仕事は何です」

「先生、そんなイライラせんと落ち着きなはれ。私《わたい》のほんまの仕事は河太郎《ガタロ》でんねん」

「ガタロ、ガタロって何ですの」

「あっ、これはあんたわからしまへんわ。あのねぇ、胸まである長靴はいて川の中で鉄骨の折れたのやら釘の曲がったのやらを桶ですくうて選り分けてる人がいてまっしゃろ。あれ、河太郎って言いまんねん」

「へぇ。あんた、えらい仕事してなはったんやなぁ。えぇっと、ガタロ商、いやそんな仕事はない。河川に埋没せし廃品を回収して生計を立つ、とこうしておきましょ」

「カッコよろしいなぁ、生計を立つ、とシュッと立ってるところなんか気持ちがエエ。それから昭和十年十月十日」

「はじめからそう言うてくれたらこっちも書きやすいんです。場所はどこです、飛田ねぇ、あそこは、西成区山王町において、と。で、品物は何です」

「いや、これはわたいと松ちゃんが初めて女郎買いに行った日」

「あんた、アホか。どこぞの世界に履歴書に女郎買いに行ったことを書く人がいてますか」

「けど、それぐらいのこと書いといてやらんと読むほうが面白ない」

「一行抹消」

「判はここに」

「あんたの言うことをそのまま書いてたら何を書かされるかわからん。もうこっちでエエ加減に書いときますわ。最後に、賞罰はないでしょ」

「いえ、わたいね、ほめられたことが一回だけおまんねん。こんな大きな賞状もろて新聞に写真入りで」

「ええっ、あんたが。いや、そんな大きなことはここに書いておきましょ。それ、いつのことですか」

「二年前ですわ。新聞社主催の大食会がありましてね、そこでわたい、こんな大きなぼた餅五十六個食べましてな、これはめずらしいと、大きな賞状と新聞に写真入りで」

「そんなアホなことが書けますかいな」

主人公のひと言ひと言が爆笑を誘うので少し長くなったがあらすじと言い回しを著者の思い入れも交えて丁寧に引用した。読者は主人公の姿を自分なりに描いて読み進めたはずである。本書の読者が一万人いれば、ちょっと見栄を張ったがあとの展開のためにお許しいただくとして、一万通りの主人公像ができ上がることになる。落語は言葉や表現を口から、著者は文字だけで、相手に情報を伝えるだけである。それを映像にするのは、聞き手や読者の力である。その人生経験を経て、想像力と創造力を動員して脳裏にドラマを作り上げるわけで、映画監督でありディレクターなのである。

この『代書屋』という落語、そんな奴はいないだろう、と冷めた態度で受け取れば、よくできた噺だと感じて薄っぺらい笑いで終わる。一方、主人公の彦次郎さん、毎日を楽しんで生きてるなぁ、地位も名誉も財産もない、いや欲しいとも思わない、それよりも今日を精いっぱい笑って生きてるなぁ、と感じたら、素顔の笑顔が輝いている人物像が浮かび上がってくる。目の前にある一つ一つに喜びを感じられる生き方をしている彦次郎さん。自分もこんな風に生きたいなぁ、と心底思わせてくれる。有能な作者が巧みに作り込んだ優秀作品ではなく、本音で生きる姿が見えるので強い説得力がある。

この章では、人生を本音で生きるためのヒントを、古典落語で描かれた作品を通して考えた。『心眼』の「口惜しくて、くやしくて」、『替わり目』から「不器用な生き方のススメ」、『三軒長屋』では「発想を変える」、『代書屋』からは「楽しく生きる」。それぞれが人生の鎧かぶとを脱いだ本音の生き方である。それを教え諭すのではなく、誰もが持っている笑いを通して伝えてくれる。がんに出会って治療を乗り越えて、そして職場復帰していく。そのときに、この落語から学んで身につけた本音の生き方が、人間の厚みを増して笑顔の似合う魅力ある人となれるようあなたを後押ししてくれるはずである。

第五章

独演会　二席目
『いのちの落語　―　がんでも働きたいⅡ』

独演会を支えた喜多八さん

「いのちの落語独演会」は、がんの仲間とその家族に、生きる希望と勇気を笑いに載せて伝える、を趣旨に二〇〇一年から一年に一度開催してきた。その手段として強いこだわりをもったのが、単なる笑いではなく、日本の伝統と形式美をもつ落語という話芸で表現する、ということである。そこから「いのちの落語」というジャンルが誕生し、長年かけて世の中で認知されるようになった。一方、当代一の実力噺家を招いて落語芸の神髄をも堪能させてあげたい。そんなときに、手を差し伸べてくれたのが柳家喜多八さんであった。当時、喜多八さんは、落語界の次世代を担う中堅噺家として実力人気ともに絶大であり、超多忙で勢いのある噺家さんの一人であった。

私が喜多八さんと出会ったのは一九八〇年頃だろうか、まだ二つ目で小八さんと名乗っていた頃だ。社会人落語の会で楽屋にフラッと顔を出して、私の出番の前にひと言。

「聞かせてもらいます」

礼儀正しい人だった。

二〇〇一年、私が生きるはずがないというがんに出会って五年が経ったとき、がんの仲間を招待して落語会をやりたい、とその企画を喜多八さんに話した。

「アタシも（その高座に）上がらせてよ」

と、特別出演を買って出てくれたのである。

会場は上野広小路亭。

ここは落語芸術協会が定席として開業した場所で上野鈴本とは目と鼻の

先。

当時、両協会はその立地を巡って不穏な状態にあり、落語協会の噺家さんが出演してはいけない高座であった。喜多八さんは落語協会所属であり、この出演で迷惑がかかってはいけない。

「気にしなくていいんですよ。アタシでお役に立つんなら」

初回から十三年間、毎年しびれるような迫真の高座であった。新橋の博品館劇場（毎回切符が取れないことで有名な喜多八独演会）でも見せたことのない落語の楽しさとすごさを、全国から集うがんの人たちに教えてくれた。

そして、二〇一二年の高座でこう切り出した。

「アタシね、このたび、皆さんのお仲間に加えていただくことになりまして、新参者ですが」

会場から拍手が起こった。

喜多八さんがあとになってしみじみと語った。

「がんを告白して拍手されるのはこの会だけだよ。けど温かいね」

一年に一度、東京深川に集う全国のがんの仲間たちが、喜多八さんの至芸に酔いしれ大笑いした。

喜多八さんがこの高座に掛けた噺の数は十八席。

初回が『小言念仏』。そして、『粗忽の釘』、『やかんなめ』など大爆笑の得意ネタが続き、『明烏』、『船徳』と絶品芸が掛かった。

会場のがんの仲間たちは、笑うと元気になれる、と喜多八さんの高座からたくさんの生きる希望と勇気を受け取った。

しかし、二〇一三年の春、新幹線で移動中の私の携帯に喜多八さんから電話が入った。

「今年で終わりにさせてほしい」

「わかりました」

多くの会話は要らなかった。

そして、二〇一三年九月十五日、第十三回いのちの落語独演会。喜多八さんが、この会を卒業する最後のネタに選んだのは、とっておき『鰻の幇間《たいこ》』であった。鬼気迫る高座に、息をするのも忘れて聞き入った。これが落語という芸なんだ、生きて何がしたいのか、を見せてくれた高座であった。

喜多八さんは病気のつらさや苦しさを決して高座には出さなかった。噺家としての美学を貫き通した人であった。そして、二〇一六年五月、急ぐようにして旅立って行った。

私の出番のとき、喜多八さんが出囃子の太鼓をたたいて送り出してくれたことが何度もあった。このようにして、喜多八さんが落語会としての幅と深みを作って支えてくれたのである。

「アタシだって有資格者だよ。節目の二十回のときは客席で聞かせてもらうよ」

そんな声が聞こえてくる。

紙上独演会『いのちの落語 ― がんでも働きたいⅡ』

働き盛りのがんと就労をテーマにした二席目をお届けする。この噺は、職場復帰を強く切望する主人公と、その人生に寄り添う主治医が、お互いの存在を認め合いながら、生きることの喜びと幸せを見い出していく物語である。登場人物は実在の人であり、それを元に創作した。

働き盛りのがんについて、職場復帰に必要な認識や行動を、自治体と職場と医療者、そして本人と家族が一体になって進めたい。がんというマイナスをプラスに転嫁させて、有能で貴重な人材を大切にしていただきたい、と願い、第一章と合わせて本章の「いのちの落語」を創作した。

ここは東京の下町にある総合病院。

たくさんの若者たちでごった返す駅前通りから一歩路地に入ると、昔ながらの問屋街やこだわりの洋食屋さんなどが立ち並び、昭和の佇まいを残す風情ある光景が目に入る。

「わたし、この病院で生まれたのよ」

「風邪ひくたびに母と一緒にここへ来たよ、この病院は俺たちの診療所なんだよ」

　地域の人たちから長年頼りにされてきた病院である。


　この病院に、多くの患者たちから慕われている一人の医師がいる。名前は津田俊介。五十三歳。大病院の外科医としてもっとも充実した時期である。外科医としての腕は一流であるが、津田にはそれ以上に強いこだわりをもって大切にしていることがある。それは、患者のいのちに寄り添うこと。がんになっても今まで以上に輝いて生きて欲しい、医師としてそのお手伝いをしたい。これが、〝患者のいのちに寄り添うがん治療〟に生涯を捧げた外科医津田俊介の強い思いである。

最近、病院へ行くと名前と生年月日を聞かれませんか。それも一度や二度ではないですよ、行くところ行くところで聞かれます。入口の受付で、血液検査の受付で、血を取る看護師さんに、今度は放射線科の受付で、次にCTの技師さんに、診察室に入ると先生から「樋口さん、すみませんが規則なので名前と生年月日を」、診察が終わるとまた受付で。これで終わりかとほっとしていると、最後に支払機に診察券を入れると、「お名前と生年月日をどうぞ」。これは冗談ですが、七回言うんです。

これは、本人確認の一つの手法なんでしょうが、この方法を取り入れている大病院は、私の調査では三つに一つ程度でしょうか。で、「生年月日は」と聞かれて答え方が様々ですね。

「昭和二十三年一月二十六日」

13 52
いのちの落語

この言い方が一番多いです。次が西暦です。

「一九七二年八月二十六日」

年月日をきちんと言わない人もいます。

「二十三、一、二十六」

面倒くさがり屋なんでしょうか、人と違ったことをやって目立ちたがり屋なんでしょうか、けどこれもＯＫなんです。

この前びっくりしましたよ、おばあちゃんですよ。

「一九二八年一月二十六日」

西暦で言うんです。八十九歳ですよ。受付の人、えっ？ていう顔してます。後で聞いたら、海外へ行くと自己紹介は西暦でないといけない、それで覚えた、と。自分の人生を楽しんでる笑顔のステキなおばあちゃんでした。

ほかにも、へぇ、あの人七十歳か、若いなぁ。えっ、三十四歳、ふけてるなぁ、と。これ、聞いてるんじゃなくて、座っていると自然に聞こえてくるんです。診察を待ってる人は暇ですから、年齢を計算してます。これ、結構大事な個人情報ですよね。しかもご丁寧に名前と生年月日をセットで言ってくれるんです。預金通帳と印鑑を目の前に置いてくれるのと同じです。カモがネギしょってくるような景色です。ものすごく大事な個人情報をしゃべらせてますよ、これをやるんなら、生年月日だけでもボタンを押すとか、もうひと工夫してほしいですね。

青山総一郎は二週間に及ぶすべての検査を終えて、妻のかおりと二人で津田の診察室に入った。

「検査はつらかったでしょう、よく頑張ってくれましたね。けど、あなたの頑張りのおかげですべての検査データが早く出そろいました。結果をお伝えします」

青山は妻の顔を見て息をのんだ。

「検査の結果、肺がんです。少し大きく育っています。それからがんの組織も調べました。小細胞がんという種類でした。これは少し厄介ながんです」

たちの悪い肺がん。青山は目の前が真っ暗になった。今まで何のために一生懸命働いて来たんだろう。四十三歳。人生も家庭もこれからというときの出来事である。

「先生、生きられるでしょうか」

「あなたにはこれからつらい治療が待ってますけど、元気で楽しく生きる道を一緒に探っていきましょう。奥様、心配しないでください」

妻のかおりは、この「心配しないでください」という津田の穏やかで微笑みかけるひと言に救われた。

津田は続けた。

「あなたはまだ若いです、これからの人生があります。九時間の手術とその前後に強い抗がん剤治療を長期間予定します。たぶん、あなたが想像するよりつらい治療が待っています。私もギリギリの限界に挑戦します。一緒に乗り越えましょう」

津田は立ち上がって青山とかおりに手を差し出した。力強い握手だった。

青山総一郎は崖っぷちに立っていた。

がんはすでに転移している。しかし、津田はあえて手術をしようと言ってくれた。そして効果も期待できるが副作用も並はずれて激しい抗がん剤を大量に使って全身のがんを追っかけようと。セオリーではない。しかし、「生きて普通の生活がしたい」という、青山のそのいのちに寄り添いたい。外科医津田俊介の強い思いがここにあった。

病院で、きれいな看護師さんしか勤務できない部署があるんです。これ、看護協会からクレームが来るんで最近あまりやらないんですが、どこだと思います。私だけじゃなくて大概の人がおんなじこと言いますね。手術室なんです。どこの病院でもそうです、間違いないです。

手術の日、ストレッチャーで手術室に向かいます。するとドアの前で待っててくれてるんです。そこだけスポットライトが当たったように輝いてます。言葉遣いも全然違います。「少し揺れますが大丈夫です」。

この「大丈夫です」という言葉が何回も出てきます。これで安心するんです。それも美しい笑顔と一緒なのがミソなんです。これが値千金、笑顔千両です。

で、手術台に移って麻酔をかけていくんですが、その看護師さんが私の手をそっとやさしく握ってくれて、石原さとみのような素敵な笑顔で、トイプードルのようなうるんだ目で、ひと言言うんです。「私と一緒に数をカウントしましょ」。もうこれだけで麻酔が効いてきたような気がするんです。手を握ってくれるのは脈をとってるだけなんですね。

ただ、長時間の全身麻酔での大手術というのは、万に一つでも麻酔が戻らないということもあります。手術がうまくいかないということもないわけではない。そんなときのために、手術の患者さんには、この世の見納めに、きれいな景色を見せておいてあげようという戦略的配慮なんですね。

手術ができた。予定通り九時間かかった。その喜びもつかの間、次は抗がん剤治療が待っている。しかし、体は弱り切っていた。そして、青山にはここから、生きる苦しみが始まった。食べられない、それでも吐き続ける。眠れない、集中力がなくなる、そしてついに、全身の感覚神経がなくなった。ものが持てない、歩けない、体中がしびれたままで元に戻らなくなってしまった。

抗がん剤の共通的な副作用に、頭がボーッとするのがあります。集中力がなくなるんです。体中がしびれているのに全身が痛くなるんです。で、カミさんが見ててよほどつらそうに感じたんでしょうね。

「何がしてほしいの」

「してほしいことはたくさんあるけど」

「一つだけにしてよ」

「一つだけ、か。じゃあ、今まで通りつき合って」

　長年連れ添った夫婦で、カミさんが急にやさしくなったらどうですか。

「あなた、お肩もみましょうか、お腰さすりましょうか」

　気持ち悪いでしょ。それに、何か隠してるんじゃないかと疑ってしまうんです。自分の知らないところで先生から何か言われているんじゃないかと。実は、生きていくうえで一番つらいのが、家族を疑う、ということです。何も隠しごとがなくても疑ってしまったら、それは

なかなか晴れないですよ。隠していることは、それを出せば証明できますが、隠してないという証明はできないんです。

「ほんとだよ、何も隠してないからね、ほんとに何も知らないよ」。言えば言うほど怪しくなります。


これを防ぐ方法は、ただ一つです。どんなときでも今まで通りつき合うことです。

だから、「今まで通りつき合って」と、お願いしました。すると、カミさんは「わかりました」と。

どこのご夫婦でも長年連れ添ってりゃ夫婦喧嘩ってありますよね。うちもよく言い合いになります。ただ、うちは言い合いになると私が勝つんです。私、落語をやってますから、落語の中の言い回しや昔の格言なんかが口をついてダァーッと出てくるんです。体はしびれてますが口数では私のほうが多いんです。カミさん、くやしい思いをしてるでしょうね。今、うちのカミさんが考えてることだいたいわかってます。口がしびれる抗がん剤を探してます。

青山はボーッとした頭で病室の窓に目をやった。遠くから電車が近づいてくる。オレンジ色の朝の満員電車だ。青山ははっと我に返った。

「あの満員電車に乗りたい、乗って会社に行きたい、仕事がしたい」

見えないはずの満員電車の中の乗客の顔が輝いて見えた。

「必ずあの電車に乗る。そして、あの電車の窓からこの病室を見てやるんだ」

青山の壮絶なリハビリが始まった。妻のかおりが作ったリハビリメニューが目の前にある。感覚のない手で茶わんを洗う。グラスを割って手が血だらけになった。歩けない足を引きずって転んでは捻挫した。朝は駅前のベンチに座って改札に消えていく人たちの姿を目に焼きつけた。

「会社に行きたい、がんでも仕事がしたい」

仕事をすることで社会との接点ができる。

「行ってきます」、「気をつけて」

「ただいま」、「お疲れさま」

家族との何気ないごく普通の会話ができて、「あぁ、生きている」と実感ができる。だから、どんながんであっても、どんな病状であっても、仕事がしたい。これががんの人の強い思いである。

青山の職場復帰の日が来た。興奮して朝早くに目が覚めた。冷たい水で顔を洗う。やっと生え始めた薄いヒゲを丁寧に剃った。食卓には炊き立ての赤飯が並んでいる。妻の心遣いだ。ワイシャツを着てスーツに手を通す。買ったばかりの定期券が光って見える。「よしっ」と、カバンを持つ。この日を何度夢に見たことだろう。

一年前は、入院用の大きなカバンを持って、もうここに二度と戻ってくることはないかもしれない、という思いで自宅の玄関のドアを静かに閉めた。今日はこれから仕事に行くために我が家のドアを開ける。感無量である。

「じゃあ、行ってきます」

「行ってらっしゃい、気をつけて」

朝、いつも食卓で新聞を広げます。何気なく目を通しながら気になる見出しがあれば記事を読んでましたが、がんになってからは変わりましたね。目が紙面を右上から左下へ流れていくんですが、その途中で〝がん〟という二文字に必ず目がとまりますね。

〝がん〟新薬を発表。

テレビ番組のページで、あんなに細かい字がびっしり詰まってても、瞬間に見つけますよ。

○○さんが〝がん〟を告白。〝がん〟の最新情報。

安物の検索ソフトよりはるかに速いです。ただ、ときどき余計なものも引っかかってきます。

〝がん〟ばろう、とか、〝がん〟こ一徹。

これは愛嬌で苦笑いですね。でも今は得意芸の一つになりました。

がんになってつらいことばかりか、というとそうでもないです。得したこともありますよ。抗がん剤治療を終えて家に帰りますね。夏ですと、蚊がいますよ、閉め切っててもどこからか入ってくる。家族は「かゆいよ」と騒いでいます。が、私は蚊に刺されないんです。寄ってこないですね。蚊も知ってるんでね、私の血を吸えば即死する、と。まだ全身に毒薬が回ってます。さしずめ、私の体は全身が高価な蚊取り線香という感じですね。得することもありますよ。

青山総一郎。駅への道をかみしめるようにゆっくりと歩く。マスクはしない。すれ違う人や追い越していく人が自分を振り返らない。私が普通の人間であるという証拠だ。朝の混んでる電車がうれしい。これに乗りたくて一年間頑張ってきたのだ。早めに駅に着いたのでエキナカの喫茶店に入る。道が歩ける、電車に乗れる、喫茶店でお茶が飲める。誰もがしている普通のことが普通にできるって、こんなにうれしいことだと、がんが教えてくれた。

一年ぶりに会社に戻ってきた。緊張が走る。職場に入る。遠くに自分の机が見えた。

「オハヨー」

「おはようございまーす」

職場のみんなが仕事をしながら顔だけ上げて挨拶を返してくれる。一年前とおんなじ光景だ。自分の机に向かって腰を下ろした。受け箱には決裁を待つ書類が何枚か入っている。特別扱いをしない、いつも通りに、という職場の仲間の気遣いがうれしい。一年間の空白が一気に縮まった。


上司が職場のみんなを集めてくれた。

「青山君が今日から復帰します。つらい治療を乗り越えて帰ってきてくれました。ただ、主治医の先生のお話では、この病気は完治することはない、これからもずっと通院治療や検査が続きます。大きな後遺症もあります。職場の皆さん、理解をして温かく見守ってあげてください」

一番後ろにいた女性が手を挙げた。

「青山さん、後遺症がおつらい、と聞いてます。私たちでできることがあったらお手伝いしたいのですが」

職場の仲間って、ありがたい、と青山はうれしかった。

「尾野さん、ありがとう。私は、入院中、がんでも働きたい、と切望しました。そして、席を空けて待ってますよ、という会社や皆さんの励ましが心の支えでした。で、治療の大きな後遺症を抱えてますが、自分のことは自分でできるようリハビリを積んできました。ただ、どうしてもできないとき、例えば、シャープペンに芯を補充すること、ホッチキスの針を入れること、とかはできないんです。そのときはお願いしますので助けてください」

手や指先がしびれたときのリハビリでよくやるのが、針の穴に糸を通すというリハビリです。これ、普通の人でも難しいです。できるようになると針の穴がだんだん小さくなって難易度が上がっていきます。ただね、これは針が危険なことと目が悪い人にはつらいのであまりオススメではありません。

準備も簡単で安全なリハビリが「大豆ハシ渡しゲーム」です。お碗を二つ、大豆二十個、割り箸を一膳用意します。簡単なゲームです。左のお碗に大豆を二十個入れて、それを箸でつまんで一つずつ右のお碗に移します。これ、手がしびれた人にとってはすごく難しいんです。まず箸が持てないんです。スプーンなら何とか持てて食事ができますが、それを続けているといつまでも箸が持てない、恥ずかしくて外で食事もできない。最初は時間がかかります。大豆を持っては落とし拾っては落とし何度も失敗します。額に汗がびっしょり、横でインストラクターが「もう少し、頑張れ、もうちょっと、がんばれ」と応援してくれます。

たった二十個の大豆を三十分もかけてやっと右のお碗に移しました。「よくできました、がんばりました。最初からこんなに早くできる人、初めて見ました。すごい、すごい」。拍手をしてほめてくれます。自分でも少しドヤ顔になっています。するとインストラクターが次に言います。

「じゃあ、今度は右から左に二十個移しましょう」

「えっ」

長年企業人として、効果的効率的な仕事を求め続けてきた人にとって、さっきのリハビリは何だったんだろう。元に戻すんなら最初からやらなきゃいいじゃないか。自分のやったことに何か悶々とした気持ちが残って満足感も達成感も得られないんですね。このリハビリは、安全を確保する、二次災害は起こさない、という大切なことを最優先させているんです。それはわかってるんですが、自分の存在感が得られない。

そして、ケガをしてもいい、荒療治でもいい、自分のやったことが人の役に立つことでありたい、相手から「ありがとう」と言われたい、その気持ちが、家族の食後の茶碗やグラスを洗うというリハビリにつながっていきます。働きたい、という人の性《さが》なんですね。

津田先生のおかげで、会社のがんの人への理解が進んだ。仕事を抜けての通院も行きやすくなった。何よりも津田先生に会うと元気が出るのがうれしい。定期検査の日、妻と一緒に診察室に入る。少しの沈黙がある。緊張が走る。

「青山さん、合格です。奥様、お疲れさまでした」

津田は立ち上がって二人の手を握った。家族を労ってくれるのがうれしい。この病気は家族も当事者だと、津田はいつも言っている。

妻は勢いを得たようにしゃべり出す。

「少し良くなってきたら、調子に乗って、夜更かししたりお酒を飲んだりで、困ってるんです」

「そうですね。でも奥様、自分で食べることも歩くこともできなかった体が少しずつ行動半径が広がってきた、と考えればうれしいことでもありますね」

ほうら、ようく聞きなさいよ。これはうれしいことなんですよ、オクサマ。

津田は今度は私に向かってひと言言った。

「どこのご家庭でも、奥様のおっしゃることのほうが正しいことが多いようですね」

ありゃあ。夫婦の両方を立てようという見事なひと言である。

これが、がんの人の人生に寄り添う、ということなんだ。

ところが、この津田先生とも別れのときがやってきた。定年退職でこの病院を去るのである。最後の診察の日。ドアを開けると津田は立って出迎えてくれた。

「青山さん、奥様。今日があるのは、お二人の力の賜物です」

三人でする握手は力強かった。

「これからも働きましょう、そして、二十一世紀を楽しみましょうよ」

青山は、生きるはずがないというがんに出会い、まさか自分のいのちが二十一世紀への橋を渡るとは思ってもいなかった。津田と青山夫妻が出会って十七年。津田の診察室での最後の言葉がこれだった。

「十七年ですかぁ、いやぁ、お互いに年を取りましたねぇ」

第六章

CDで聴く『いのちの落語 ― ようこそ深川へ』

出囃子はナマ

東京深川で一年に一度開催している「いのちの落語独演会」のお囃子は社中がナマで演奏している。これは初回からずっと続いているこだわりである。三味線、太鼓、笛、鉦《かね》すべて四十年来のつき合いの仲間たちが意気に感じて受け持ってくれている。一番太鼓、二番太鼓、出囃子、そしてハネ太鼓。ナマの良さは何といっても会場に響き渡る音のやさしさと柔らかさ、そして音が押し寄せてくるような迫力感である。

それぞれの人はみんな自分の音に自信と誇りを持っている。しかし、お互いに協調しながら音を調和させていく。合わせ稽古はその日の午前中の一回だけ。仕上げは演者が高座に向かう距離と歩く速さに合わせながら、高座で頭を下げたところでピタッと決めるのである。特に今回演奏した「中の舞」という出囃子は途中で切ることができない。寄席の世界では大師匠がトリを務めるときにだけ使われてきた大切な出囃子である。それだけに社中と演者が一体となって息を合わせなければならない。

お茶子さんが座布団を返して高座にお茶を置く。抗がん剤治療の後遺症でのどが渇くので五十分の高座には必需品なのである。お茶子さんの所作にも高度な技術が要求される。動作に無駄がなくソツがなく丁寧に、着物は目立ちすぎず粋《いき》に着こなす。寄席の世界の約束事を無言で伝えながら舞台と高座を清めるのである。会場全員の目がその姿と動きを追っている。そして、仕上げにメクリを返すと、「いのちの落語」の寄席文字が鮮やかに浮かび上がる。それを合図に受け囃子が鳴りやんだ。場内がシーンと静まり返る。一年に一度のみんなが待ちに待った高座を迎える瞬間だ。期待感と緊張感が一気に高まる。締め太鼓が、トーン、トーンと二つ。三味線のお師匠はんがシャンと入れたひとバチを合図に太鼓と笛が続く。中の舞が始まった。もう止《と》められない。袴姿で舞台に一歩足を踏み入れた瞬間、会場大向こうから声がかかる。「待ってましたぁ」。その声に引かれるように大きな拍手が鳴り響く。高座に上がってゆっくり頭を下げると、それを待ってたかのように、笛の音《ね》がピィーッ。ピッタリ合った。

「みなさま、お変わりありませんか」

毎年お約束の言葉で始まった。このあとは、CDで聴く「いのちの落語」でゆっくり堪能していただこう。

客席の笑い声が主役

ライブ録音した「いのちの落語独演会」。一年に一度だけの開催で二〇一八年が十八回目。場所は東京・深川江戸資料館小劇場。参加できるのは、がんの人とその家族だけ。この高座に掛ける「いのちの落語」は毎回その年に創作した新作のネタおろし。そのほかにもたくさんのこだわりがある。中でも一番大切にしているのが、会場の中は全国から駆けつけたがんの仲間とその家族だけ、というこだわりである。となりの席の人は、自分と同じがんのつらさや苦しさを身をもって知っている仲間であるということ、家族にしかわからない気苦労を経験して生きる希望と勇気をつかもうとしている同志であるということ。その約束が安心感と解放感につながって、がんを抱えて笑えるもんか、という気持ちが会場の笑い声につつまれて、そして、自分も笑っていいんだ、に変わっていく。気がつくといつの間にか仲間と一緒に大声で笑っている。

「となりの夫が肩をゆすって笑ってます。こんな笑顔、がんになって初めてです。来てよかった、本当に来てよかった」

「おかしいのに涙が溢れてきて止まらないんです。泣いて笑ってスッキリしました」

「がんを経験しているから話せる落語です、笑える落語です、ここでしか聞けない落語です。みんな同じ経験してるんですね、安心しました」


　このCDに収録したのは、このように語ってくれるがんの仲間や家族たちの笑い声である。がんに出会ってからの生き方を見つけて肩の力が抜けた清々しい笑い声。苦しかったときを思い出して涙しながら笑っている声、となりの連れと、そうなんだよね、といううれしそうな話し声。よし、来年もここに来るぞ、という共感の力強い拍手。会場に置いたたくさんのマイクを通して、この様々な笑い声や大きな拍手から、満席の会場一人一人の表情が見えてくる。生きる希望と勇気が伝わってくる。ときには、会場の笑い声で高座の声がかき消されてもいい、そんな思いで収録をした。つまり、このＣＤの主役は客席の大きな笑い声なのである。

ＣＤで聴く
『いのちの落語　ようこそ深川へ ― がんでも働きたい』

生きて何がしたいのか、を見つけたがんの人たちのこの笑い声こそが本著の一番大切なメッセージともいえる。文章や表現では決して伝えられないこと、そして、著者にしか作れないものがある。だから、本著にはどうしてもライブ録音が必要なのである。それも付録ではなく、最後の結論として本章で用意したのである。

北海道や九州から飛行機でやってくる。治療中で歩くことが不都合な人は家族の運転する車で深川を目指す。地下鉄の清澄白河駅を降りて会場まで三分、お寺や駄菓子屋や深川めし屋が居並び、昭和の風情を色濃く残す道、一年ぶりにまた深川にやってきた、一歩一歩自分のいのちの確かさをかみしめながら歩く、頭の中では寄席太鼓が鳴っている。その音に引き寄せられるように会場に向かう、太鼓の音が大きくなった、目の前に会場の深川江戸資料館が見えてきた、もうじっとしていられない、この一年ここ深川に帰ってくることを目標に生きてきたのである、ロビーを通って二階の会場に入る。

「ようこそ深川へ、お変わりありませんか」

スタッフのこの言葉が感無量である。客席に座ったとたんに涙が溢れてきた。

このＣＤは、「いのちの落語独演会」に参加する人たちの濃い一日を音でストーリーにして表現した。ステレオ版なのでヘッドホンで聴くとその音響効果を存分に楽しめる。それでは、『いのちの落語　ようこそ深川へ―がんでも働きたい』、本書の結論としてじっくりお聴きいただこう。

あとがき

第三章の「プロになった」でご登場いただいた長田弘美さんから連絡があった。本章では、東京都美術館公募展にチョークアート作品二点の出品が決まり、家族の拍手に送られて作品を美術館に向けて搬送するところまでを描いた。その後の審査会にて、『お届けもの。』が小作品部門での新人賞に輝いたのである。子育てや仕事に追われていても、がんに出会って再発に苦しんだときも、好きな絵のことは決して忘れなかった。新人賞のリボンがつけられた作品の前で、作者が笑顔でVサインをする写真が届いた。がんと向き合って、生きて何がしたいのかを自分に問い続けて、やっとつかんだ今の人生である。写真の長田さんが輝いていた。私は、この長田さんの清々しい笑顔そのものが新人賞にふさわしいと思えた。

最近、企業研修での講演や講話が増えた。経営者研修や課長研修や職場リーダーの研修、安全衛生大会での講演もある。依頼に共通しているテーマが、〝輝く人間づくり〟である。組織を率いるリーダーには、仕事ができるだけでなく、魅力ある存在であってほしい、という企業の願いである。私は講話の中で、笑顔の似合う人、直感で話せる人などをその対象として例に出す。そして、それらを兼ね備えているのが、がんを経験した人たちである、だから、がんの人は、決して会社のお荷物ではなく、探してでも就労してもらいたい貴重で重要な人材である、と説いている。

「へえ、そうなんですか」

「そんな風に考えるんですか」

と、驚きをもって受け止められることが多い。〝働き盛りのがん〟への理解と浸透は、まだまだこれからである。本書が大いなるその一助となることを切に願うものである。

本書は、二〇〇五年に出版した第一作『いのちの落語』（文藝春秋）から数えて十作目にあたる。これは、生きる希望と勇気を笑いに載せて伝える樋口強のメッセージに、長年エールを送り続けてくれた読者諸氏の後押しが原動力となっている。「次の本、待ってますよ」という応援に支えられてここまで到達した。

そして、この節目となる本書の出版は、二年に及ぶ構想と企画を経て、佼成出版社の皆様の強い情熱と努力によって実現したものである。心から感謝と御礼を申し上げる。

最後に、遅々として進まぬ原稿と悪戦苦闘する日々にあって、助言と激励で完成まで支えてくれた最愛の妻加代子に感謝の意を表すことをお許しいただきたい。

二〇一九年三月

越後湯沢にて

樋口　強

ＣＤについて

第18回いのちの落語独演会は、

2018年9月16日

東京・深川江戸資料館小劇場で行われました。

ＣＤに収録されているのは、

番組の２番目に樋口強が上演した

『いのちの落語 ― がんでも働きたい』

であり、全国の参加者が会場に集う様子を加えて

『いのちの落語 ― ようこそ深川へ』

として制作しました。

お囃子

三味線・松永鉄三　　笛・橘ノ百圓

太鼓・柳花楼扇生、河内家るぱん

ＣＤ制作　アテネ株式会社

制作協力　株式会社 東京録音

ミキサー　原子内利彦

樋口　強（ひぐち　つよし）

いのちの落語家

1952年　兵庫県生まれ。
1975年　新潟大学法学科卒業。同年、東レ(株)入社。
1996年　企画管理室長の要職にて新規事業立ち上げの最前線にいたとき、
　　　　3年生存率5%と言われた肺小細胞がんを発症する。
2001年　がんの人と家族だけを招待した「いのちの落語独演会」を行い、
　　　　以降毎年の開催を続けている。
2004年　東レ(株)を退職し、執筆活動に専念する。
2007年　イタリア・ミラノにて「いのちの落語 in milan」公演を成功させた。
2011年　社会に感動を与えた市民に贈られる「シチズン・オブ・ザ・イヤー」
　　　　を受賞した。

著書に、『いのちの落語』（文藝春秋）、『最近、あなた笑えてますか』（日本経済新聞出版社）、『津波もがんも笑いで越えて』（東京新聞）、『生きてるだけで金メダル』（春陽堂）、『今だからこそ、良寛』（考古堂）など多数ある。

◎樋口強事務所　東京江東区に設置。詳細はホームページ。
◎ホームページ　http://inochinorakugo.com

がんでも働きたい

2019年3月30日　初版第1刷発行

著　者　樋口　強
発行者　水野博文
発行所　株式会社 佼成出版社
〒166-8535　東京都杉並区和田2-7-1
電話　(03) 5385-2317 (編集)
(03) 5385-2323 (販売)
URL　https://www.kosei-shuppan.co.jp/
印刷所　小宮山印刷株式会社
製本所　株式会社 若林製本工場
◎落丁本・乱丁本はお取り替えいたします。

ISBN978-4-333-02796-5　C0034